POLYGLOTT on tour

London

Die Autorin
Josephine Grever

W0083786

**Mit großer Faltkarte
& 80 Stickern
für die individuelle Planung**

www.polyglott.de

SYMBOLE ALLGEMEIN

 Besondere Tipps der Autoren

 Specials zu besonderen
Aktivitäten und Erlebnissen

 Spannende Anekdoten
zum Reiseziel

★ Top-Highlights und
★ Highlights der Destination

TOUR-SYMBOLE		**PREIS-SYMBOLE**	
① Die POLYGLOTT-Touren		Hotel DZ	Restaurant
6 Stationen einer Tour	€	bis 100 £	bis 35 £
① Zwischenstopp Essen & Trinken	€€	100 bis 160 £	35 bis 50 £
① Hinweis auf 50 Dinge	€€€	über 160 £	über 50 £
[A1] Die Koordinate verweist auf			
die Platzierung in der Faltkarte			
[a1] Platzierung Rückseite Faltkarte			

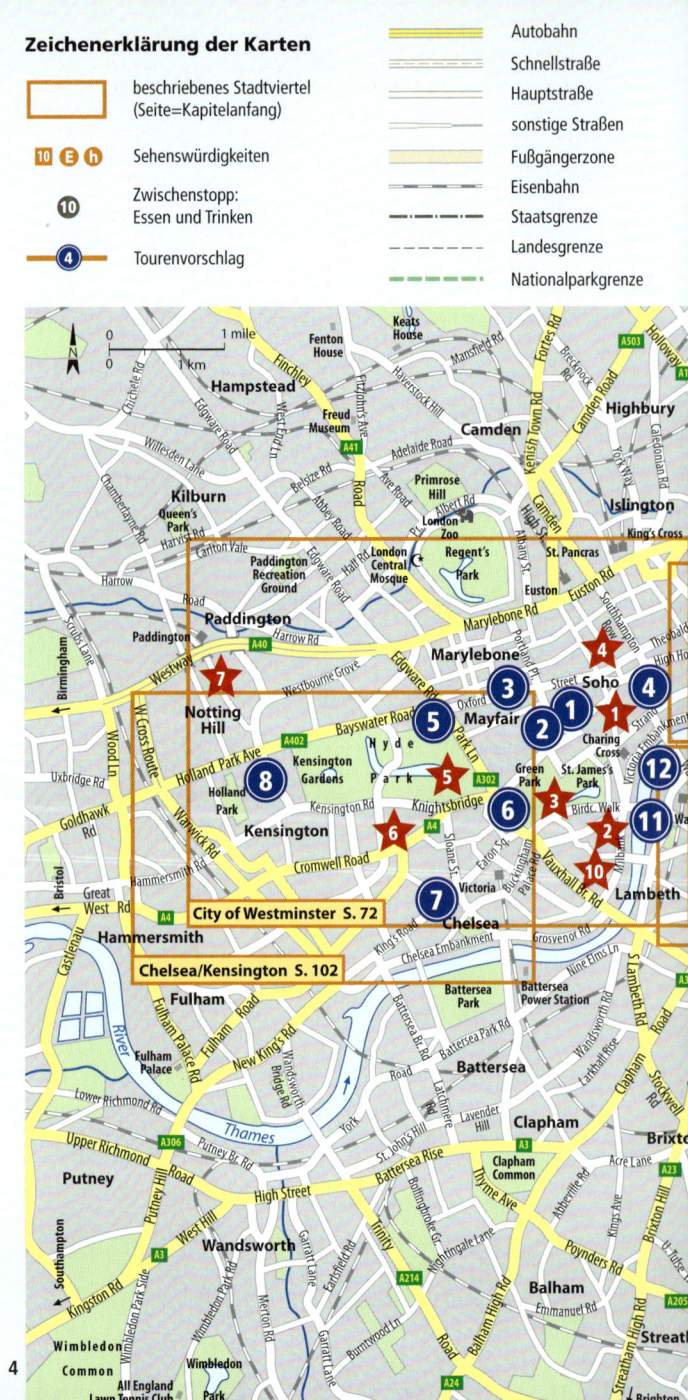

Zeichenerklärung der Karten

beschriebenes Stadtviertel
(Seite=Kapitelanfang)

10 **E** **h** Sehenswürdigkeiten

10 Zwischenstopp:
Essen und Trinken

4 Tourenvorschlag

Autobahn
Schnellstraße
Hauptstraße
sonstige Straßen
Fußgängerzone
Eisenbahn
Staatsgrenze
Landesgrenze
Nationalparkgrenze

Top 12 Highlights

1 Touren-Start

Perfekte Planung
Parallel Klappe vorne links aufschlagen

Blick vom London Eye über die Themse zu den Houses of Parliament

TYPISCH

London ist eine Reise wert!

Mit 16,8 Mio Besuchern jährlich ist London die populärste Destination der Welt. Warum? Weil seine Parks, Paläste und Museen ohnegleichen sind. Weil es quirlig und gediegen, very british und unglaublauch multikulturell ist. Weil man hier die ganze Welt in einer Stadt hat.

Die Autorin **Josephine Grever** stammt aus Aachen, lebt seit über 30 Jahren in London und kennt jede gesellschaftliche Ecke. Sie schreibt über Design, Gärten, Kultur und Gesellschaft. Was sie an London schätzt: die typisch britische Mischung aus Traditionsbewusstsein und Hang zur Non-Konformität. Die entspannte Laissez-Faire-Lebenseinstellung – man könnte es die Leichtigkeit des Seins nennen.

Es war einmal vor langer Zeit: Als ich Mitte der Siebzigerjahre London besuchte, konnte ich meinen VW Käfer direkt am Leicester Square parken, ohne dass es einen Polizisten kümmerte. In der King's Road führten die Punks ihre Stachelfrisuren spazieren, in der U-Bahn war fast jede Nation der Welt vertreten. Alles war aufregend, aber anständigen Kaffee gab es nirgendwo. Kaffee ist mittlerweile Kult und die King's Road zur Shoppingmeile mutiert – doch aufregend ist es immer noch.

»Mein« London ist seit fast 20 Jahren der Stadtteil Kennington

Blick im St. James's Park nach Osten auf Horse Guards

Ebenso kosmopolitisch wie das Menü sind die Gäste, die sich um die Tafel versammelt haben. Zwei New Yorker, die bei einer Bank in der City arbeiten. Ein Architekt aus Mailand. Ein indischer Kunsthändler nebst Gattin, die für ein Modeblatt schreibt. Gesprächsstoff: die neuesten Restaurants und Ausstellungen. Der Anbau der Tate Modern (»reine Megalomanie – musste das sein?«). Bürgermeister Boris Johnson, der in neue »Cycle Super Highways« investiert und gerne von der »Revolution auf zwei Rädern« redet (leider ist London für Radfahrer ungeeignet, weil der größte Teil der Straßen zu eng ist und man sich trotz neuer Radwege niemals sicher fühlen wird). Und nicht zuletzt Londons Architektur (Richard Rogers »Käsereibe« – ein eleganter High-Tech-Bau eines guten Architekten. Warum nicht immer so?)

Es geht lebhaft zu. Wieder einmal steht für mich fest: Londons

Stets neu beflügelnd, den Klang von Big Ben zu hören

am Südufer der Themse – wunderbar zentral (zum St. James's Park sind es nur 20 Minuten Fußweg) und trotzdem ruhig und verkehrsarm. Cafés, Märkte und Läden sind hier nicht so sündhaft teuer oder auf Hochglanz gewienert wie auf der Nordseite der Themse. Und morgens beim Aufwachen die Glocken von Big Ben zu hören, hat für mich nichts von seinem Zauber verloren.

Neu ist, dass Südlondon sich in einem enormen Aufwärtsstrudel befindet. Seit der Eröffnung der Tate Modern stehen hier auch reichlich Taxis zur Verfügung, weshalb Gäste inzwischen liebend gern einer Einladung zum Abendessen folgen.

Ein klassisches Steinpilzrisotto, gefolgt von gebratener Poularde, mariniert in einer Gewürzmischung aus frischem Ingwer, Kreuzkümmel und Kurkuma – und wir sind mittendrin in einer typischen Londoner Dinnerparty.

Der lokale Ladenbesitzer ist ein Poet und philosophiert über Aristoteles

Guerilla Gardening: einfach überall in der Stadt

mal launisch, aber selten zu kalt oder zu heiß. Immerhin gedeihen hier Palmen, Kamelien und Olivenbäume. Zweitens hat die englische Küche schon seit Jahrzehnten nichts mehr mit ihrem miserablen Image aus der Nachkriegszeit gemein. Die Stadt ist ein Schlaraffenland, in dem es alles gibt – von Haute Cuisine bis zu wirklich gutem Street Food. Londons Schwachpunkte sind die aller Metropolen: zu viele Menschen, zu viel Verkehr, große wirtschaftliche und soziale Gegensätze. Wie überall, schafft die neue Geldelite Ressentiments. Darüber kommt die Tischrunde richtig in Fahrt: Die »alte Ordnung« Londons, nach der die Straßen, Plätze und Grundstücke der besten Stadtviertel einer Handvoll aristokratischer Familien vorbehalten waren, gibt es so nicht mehr. Heutzutage scheint London fest in der Hand russischer Oligarchen, indischer Unternehmer, saudischer Ölscheichs und anderer Milliardäre aus den USA, China und Italien zu sein. Die Preise steigen rasant, und die »richtigen« Londoner weichen in die preiswerteren Vororte aus.

Nach dem Dessert (Orangensalat, aufgepeppt mit Granatapfelkernen) brummen die Smartphones: Es ist kurz nach elf, die bestellten Taxis warten. »Lovely evening«, sagt der Architekt und fragt noch zwischen Tür und Angel: »Wie lange leben Sie schon in London? Wie? Und Sie sprechen immer noch nicht Italienisch?«

größte Stärke sind die Menschen aus allen Teilen der Welt, die meist entspannt miteinander umgehen und ohne die London wie ein Eintopf ohne Würze ware. Wie sie mit ihren eigenen Sitten, Religionen, Läden und Restaurants in den Vororten leben, hat Hanif Kureishi immer noch am besten auf den Punkt gebracht. Auf Karim Amir, Hauptfigur seines Buchs »Der Buddha aus der Vorstadt«, wirkt London wie ein Haus mit 5000 verschiedenen Zimmern. »Der Kick war, ihre Verbindung zueinander herauszufinden, und sie mit der Zeit alle zu entdecken«.

London als eine Ansammlung von Dörfern zu beschreiben ist eine Binsenweisheit, aber sie stimmt. Andere Klischees dagegen sind absurd – etwa wenn mich ein Berliner Ehepaar fragt, wie man denn in London leben könne – bei dem miesen Wetter und der schlechten Küche. Das ist nun wirklich Schnee von vorgestern: Erstens ist das Wetter durchaus angenehm – manch-

Reisebarometer

Historische Monumente, moderne Architektur, eine große Anzahl grüner Ruhepole und eine ungeheure Vielfalt an sowohl traditioneller als auch internationaler Küche – es sind diese Kontraste, die London so spannend machen.

Beeindruckende Architektur
Von römischen Mauern bis zum höchsten Wolkenkratzer Europas (The Shard) gibt es viel zu entdecken.

Grüne Oasen/Parks
In Londons Grün enflieht man schnell dem Großstadttrubel.

Kultur- und Eventangebot
Shakespeare-Aufführungen, Musicals, klassische oder Pop-Konzerte – die Auswahl ist überwältigend.

Museen und Besichtigungen
Berühmte Museen, Galerien, zeitgenössische Kunst

Kulinarische Vielfalt
Jede Küche der Welt ist hier vertreten.

Spaß und Abwechslung für Kinder
Für Abwechslung ist in London immer gesorgt.

Shopping-Angebot
Designer-Boutiquen, Märkte, Kaufhäuser und, und, und …

Ausgehen/Party
Alles da: traditionelle Pubs, stilvolle Bars, Nachtklubs.

Ausflüge vor die Tore der Stadt
Mit öffentlichen Verkehrsmitteln leicht zu erreichen.

Preis-Leistungs-Verhältnis
Außerhalb des Zentrums ist alles etwas preiswerter.

● = gut   ●●●●● = übertrifft alle Erwartungen

50 Dinge, die Sie ...

Hier wird entdeckt, probiert, gestaunt, Urlaubserinnerungen werden gesammelt und Fettnäpfe clever umgangen. Diese Tipps machen Lust auf mehr und lassen Sie die ganz typischen Seiten erleben. Viel Spaß dabei!

... erleben sollten

(1) Ruderpartie im Hyde Park Auf dem 11 ha großen Serpentine-See › S. 105 kann man Ruder- oder Treetboote mieten (Ostern–31. Okt., www.royalparks.org.uk/hyde Park).

(2) Besuch einer Auktion Die Previews sind die perfekte Gelegenheit, alte und moderne Meister, Möbel, Bücher oder Juwelen anzuschauen, und die Auktionen bieten gute Unterhaltung – in der Regel bei freiem Eintritt (www.christies.com, www.sothebys.com) › S. 53.

(3) Mittanzen beim Notting Hill Carnival Großes Spektakel der karibischen Gemeinde mit Reggaebands, bunten Umzügen und exotischem Street Food › S. 121. Londons größte Straßenparty – ein Hauch von Rio (www.thenottinghillcarnival.com).

(4) Spaziergang durch einen verwunschenen alten Friedhof 1832 angelegt, ist Kensal Green Londons ältester Friedhof (Harrow Rd., W10, Ⓤ Kensal Green, Bakerloo Line). U. a. ist hier das Grab von Freddie Mercury. Sonntags 14 Uhr Führung durch die Katakomben und Alleen (www.kensalgreen.co.uk).

(5) Afternoon Tea, am besten in einem der großen Hotels. Zum Tee-Ritual gehören delikate Sandwiches und feines Gebäck, das auf silbernen Etageren serviert wird. Ca. £ 50 pro Person. Sehr edel etwa im Claridge's › S. 35.

(6) Einkaufen bei Daunt Books In den langen Eichenregalen der höchst eindrucksvollen Buchhandlung in einem alten georgianischen Gemäuer kann man stundenlang stöbern und schmökern. Besondere Events sind die immer wieder stattfindenden Autorenlesungen (83 Marylebone High Street, W1U, www.dauntbooks.co.uk) [E2].

(7) Pub Crawl Hier ein Bier und dort ein Bier. Die meisten der Londoner Pubs haben eine lange Geschichte und viel Atmosphäre (www.citypubs.co.uk). Ein guter Startpunkt ist z. B. The Hand & Shears (1 Middle Street, EC1A, Ⓤ Barbican) [J2].

(8) Spaziergang am Regent's Canal Der 14 km lange Wasserweg führt von Paddington im Norden [C2] bis zur Themse bei Limehouse [c1]. Trauerweiden, Schleusen und Hausboote, dann das Hafenbecken Limehouse Marina, wo kleine Boote im Wasser dümpeln und Schilder auf die Vogelwelt hinweisen: Ein anderes, wohltuend stilles London (www.canalrivertrust.org.uk).

⑨ Eintauchen in Brixton Market
Europas größter afro-karibischer Foodmarket ist ein Erlebnis für alle Sinne. Ob Yamswurzeln, nigerianische Liebesfilme oder ein Leonardo nachempfundenes Bild des Abendmahls, das Jesus und seine Jünger als Afrikaner darstellt – man kommt aus dem Staunen nicht heraus. Dazu großartige Musik. Am lebendigsten Fr und Sa (Coldharbour Lane, SW9, Ⓤ Brixton, www.brixtonmarket.net).

⑩ Mudchute Park & Farm auf der Isle of Dogs Ein richtiger Bauernhof mit Kühen, Schafen, Schweinen und Eseln direkt vor der Hochhauskulisse von Canary Wharf. Der Eintritt ist frei, dafür können Besucher gegen 16 Uhr mithelfen, die etwa 200 Tiere in ihre Nachtquartiere zu lotsen (tgl. ab 8 Uhr, Pier Street, E14, www.mudchute.org, DLR Station Mudchute) [e3].

… probieren sollten

⑪ Ein typisch englisches Frühstück Knuspriger Bacon, gebratene Würstchen, gegrillte Tomaten und Champignons und natürlich Spiegeleier. Dazu Toast mit gesalzener Butter. Gibt's natürlich an vielen Orten; eine schicke Adresse ist The Wolseley (160 Piccadilly, W1J, www.thewolseley.com) [F3/4].

Fish & Chips, Englands Klassiker

⑫ Cider Den erfrischenden Apfelschaumwein aus Englands Obstgärten gibt es direkt vom Fass im Pub The Green Man in Fitzrovia (3 Riding House St., W1, Ⓤ Goodge Street) [F2].

⑬ Grouse Moorhühner sind eine urbritische Spezialität, auf dem Speiseplan ab dem 12. August bis Ende November. Im Restaurant Bellamy's › S. 41 gibt es die moderne Version mit geschmorten Feigen.

⑭ Ale Das britische Bier hat einen relativ geringen Alkoholgehalt (vier Prozent) und wird nicht zu kalt genossen. Wer es probieren möchte – der Pub White Horse in Fulham gilt als Mekka der britischen Bierkultur (1–3 Parsons Green, SW6, Ⓤ Parsons Green).

⑮ Fish and Chips sind unschlagbar, wenn sie in gutem Öl frittiert sind. Eine traditionelle Adresse für diese britische Spezialität ist das Restaurant Seashell (49–51 Lisson

Grove NW1, www.seashellrestau rant.co.uk, Ⓤ Marylebone) [D2].

⑯ Chicken Tikka Masala Ein indisches Curry-Gericht gehört zu Londons kulinarischen Erlebnissen, das man nicht verpassen sollte. Eine gute Adresse ist Veeraswamy, Londons ältestes Indien-Restaurant unweit vom Piccadilly Circus (99–101 Regent Street, www.veeraswamy. co.uk, Ⓤ Piccadilly) [F3].

⑰ Pies sind Pasteten, die mit Hackfleisch (Shepherd's Pie) oder Fisch (Fish Pie) gefüllt sind. Bei M. Manze werden Pies traditionell mit Kartoffelbrei und Petersiliensauce serviert (87 Tower Bridge Rd., SE1, www.manze.co.uk) [K/L5].

⑱ English Cheese Englands traditionelle Käseherstellung ist zur Zeit auf Erfolgskurs. Eine gute Adresse ist Neal's Yard Dairy am Borough Market (6 Park Street, SE1, www.nealsyarddairy.co.uk) [K4].

⑲ Gurken-Sandwiches Hauchdünne Gurkenscheiben zwischen gebutterten Toastbrotscheiben – mit diesem Klassiker beginnt jeder Afternoon Tea, der etwas auf sich hält. Zu probieren z. B. bei Fortnum & Mason › S. 81.

⑳ Beef Wellington Das in Blätterteig eingerollte Rinderfilet soll zur Zeit General Wellingtons kreiert worden sein. Im Pub The Grenadier › S. 47, wo die Offiziere des Generals gerne einkehrten, steht es zuverlässig auf der Speisekarte.

... bestaunen sollten

㉑ Blick über die Dächer von Chelsea Beim Morgenkaffee im sechsten Stock des Kaufhauses Peter Jones › S. 50, 114 das Panorama zu genießen ist ein guter Tagesanfang.

㉒ Street Art im East End Graffiti-Kunst ist im Londoner Osten höchst lebendig. In der Great Eastern Street im Viertel Shoreditch [K1] arbeiten immer wieder Straßenkünstler an neuen Wandgemälden (www.villageunderground.co.uk). Regelmäßige Führungen (immer Di, Sa, So) bringen Besuchern die Straßenkunst-Szene näher (www.street artlondon.co.uk/tours).

㉓ Late Night im Museum Abends sind auch populäre Ausstellungen weit weniger besucht als tagsüber. Sehr atmosphärisch etwa wirkt der Sakorphag von Pharao Sethos I. im Sir John Soane Museum › S. 129 bei Kerzenlicht (jeden 1. Dienstag im Monat). Aktuelle Infos: www.24hourmuseum.org.uk.

㉔ Sonnenuntergang auf der Waterloo Bridge [H3] Big Ben, die City, Tower Bridge – das Panorama von hier gehört zu den schönsten in London, vor allem, wenn die Lichter der Stadt angehen.

㉕ Gondelfahrt mit der Emirates Air Line Von der Greenwich Peninsula (beim Millennium Dome) geht es per Seilbahn zu den Royal Victoria Docks am Nordufer der Themse.

Mit der Seilbahn Emirates Air Line über die Themse

Der Blick aus luftiger Höhe auf die Docklands, den Olympischen Park und die Thames Barrier ist großartig (ab Ⓤ North Greenwich, www.emiratesairline.co.uk) [f2].

㉖ **Whistlejacket** George Stubbs' berühmtes Gemälde (1762) hängt in der National Gallery › **S. 75**, Ebene 2, Raum 34. Die großformatige Darstellung des Rennpferdes ist von unübertroffener Dynamik.

㉗ **Shakespeare im Globe Theatre** › **S. 142** »Hier zu sein ist aufregender als Fallschirmspringen«, finden die Schauspieler – und auch für die Zuschauer ist der Besuch des runden Freilufttheaters ein besonderes Erlebnis. Tickets ab £10 (Stehplatz) aufwärts.

㉘ **Gratiskonzert in Westminster Abbey** › **S. 80** Wer bis 17 Uhr wartet, kommt umsonst rein und genießt noch einen Bonus. Eine Stunde lang singt täglich ein anderer Chor die Abendandacht (am Wochenende schon um 15 Uhr).

㉙ **Rundblick auf London** aus der Paramount Bar im 32. Stock des Centre Point, einem der ersten Hochhäuser im Zentrum Londons (101–103 New Oxford St., WC1, www.paramount.uk.net) [G2/3].

㉚ **Schlüsselzeremonie vor dem Tower** Seit 700 Jahren schließt der Oberste Leibgardist abends um 21.50 Uhr das Haupttor und überreicht den Schlüssel feierlich dem Gouverneur des Tower › **S. 151**. Der Zeremonie beizuwohnen ist kostenlos, aber man muss sich schriftlich und bis zu zwei Monate im Voraus anmelden (www.hrp.org.uk/TowerOfLondon/WhatsOn/theceremonyofthekeys).

㉛ **Georgianische Baukunst** Ein wunderbares und von Touristen nicht überlaufenes Beispiel für die klassische Harmonie der Backstein-Reihenhäuser aus georgianischer Zeit, die um rechteckige »Squares« und abgerundete »Crescents« gebaut wurden, ist der Fitzroy Square in Fitzrovia › **S. 99**.

… mit nach Hause nehmen sollten

32 **Whisky Dundee Cake** vom Edel-Kaufhaus Fortnum & Mason › S. 50. In die schönen Dosen kann man später z. B. Kekse füllen.

33 **Winkende Queen** mit Solarzelle in der Handtasche. Bei Sonnenlicht beginnt sie zu winken und verbreitet auch zu Hause noch gute Laune. Überall im Zentrum zu finden (ca. £ 12).

34 **Orangenmarmelade** Die klassische englische Version enthält Orangenzeste und schmeckt etwas bitter. Zu kaufen etwa in einer Filiale des Supermarkts Waitrose (www.waitrose.com).

35 **Picknick-Teller** aus Blech aus dem Museumsladen der Wallace Collection › S. 91 mit den klassischen Motiven des Sèvres-Porzellan (ab ca. £ 5).

100 % britische Souvenirs

36 **Pyjamas** aus einem der Herrenläden in der Jermyn Street hat schon Katherine Hepburn getragen. Eine gute Adresse ist Hilditch & Key › S. 84. Ca. £ 100, halb so teuer während des Ausverkaufs.

37 **Blechdosen,** die Londoner Motive wie Doppeldeckerbus und rote Telefonzelle darstellen, machen sich zu Hause gut in jedem Kinderzimmer. Zu haben u. a. im Kaufhaus Selfridges › S. 50.

38 **Grapefruit and Rosemary Roomspray** von Floris, Londons ältester Parfümerie (89 Jermyn St., SW1, www.florislondon.com) [F3]. Der frische Duft hält noch lange die Erinnerung an die Reise wach (ab £ 25).

39 **Postkarten** aus dem Laden der National Gallery › S. 75 eignen sich perfekt als Weihnachtskarten.

40 **Marmite** Die vegetarische Würzpaste (1902 in Großbritannien erfunden) wird entweder leidenschaftlich geliebt oder rundum verschmäht. Derzeit ist sie Kult und in jedem Supermarkt zu haben (ca. £ 1,70).

… bleiben lassen sollten

41 **London mit dem Auto** zu besuchen ist keine gute Idee. Parkplätze (wenn man überhaupt welche findet) und Straßenmaut gehen ins Geld. An den Linksverkehr muss man sich erst gewöhnen, und die permanenten Verkehrsstaus können einem den letzten Nerv rauben.

42 **Die U-Bahn zu Stoßzeiten** Während der Rushhour (7.00–9.30 und 16.30–18.30 Uhr) ist die *tube* allerdings brechend voll und auch keine gute Verkehrsalternative. Da sitzen Sie am besten noch beim Frühstück oder spazieren zu Fuß.

43 **Auf Rolltreppen auf der linken Seite stehen** Das ungeschriebene Gesetz ist, auf der rechten Seite zu stehen, damit Leute, die es eilig haben, links vorbeikönnen. Wer sich nicht daran hält, wird die Londoner von ihrer unfreundlichen Seite kennenlernen.

44 **Zebrastreifen überqueren,** ohne vorher erst nach rechts und dann nach links zu schauen. Nicht vergessen: Linksverkehr!

45 **Nach der »Toilet« fragen** Wer das stille Örtchen sucht, lässt sich den Weg zum »Lavatory« oder »Loo« weisen. Besser noch ist die Redewendung »To Spend a Penny«.

46 **Soho am Wochenende** Freitag und Samstag sind die großen Ausgehtage der Londoner. Dann ist Soho ein überfülltes Durcheinander. Besser ist, den Stadtteil von Montag bis Mittwoch zu erkunden.

47 **In irgendein Minicab steigen,** das nicht empfohlen wurde. Zwar sind Minicabs oft preisgünstiger, aber die Fahrzeuge sind oft nicht

Kein Linksverkehr auf Londons Rolltreppen

versichert. Besser sind Black Cabs, deren Fahrer gut ausgebildet sind.

48 **Vordrängeln** Auch in England bildet sich heutzutage nicht mehr von selbst an jeder Bushaltestelle eine offizielle Schlange. Es empfiehlt sich trotzdem, hilfsbereit zu sein und Müttern mit Kindern/älteren Herrschaften den Vortritt zu lassen.

49 **»Please« und »Thank You« vergessen** Lieber einmal zu viel als einmal zu wenig. Höflichkeit öffnet viele Türen.

50 **Alles auf einmal sehen wollen** Es ist wahr, das schiere Angebot Londons kann einen erschlagen. Auch hier gilt: Weniger ist mehr. Die Tipps in diesem Buch bieten die beste Auswahl.

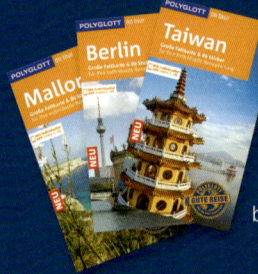

Was steckt dahinter?

Die kleinen Geheimnisse sind oftmals die spannendsten. Wir erzählen die Geschichten hinter den Kulissen und lüften für Sie den Vorhang.

Warum fährt man in England eigentlich links?

Als englische Exzentrizität lässt sich dies nicht abtun. In den Anfängen des Straßenverkehrs war Linksverkehr in ganz Europa üblich. Reiter stiegen von links auf, Kutscher, die als Rechtshänder die Peitsche schwangen, lenkten mit links. Der Rechtsverkehr war ein Kind der Französischen Revolution und setzte sich mit Napoleons Eroberungen in ganz Kontinentaleuropa durch. In Großbritannien jedoch konnte man sich dem schon aus Prinzip nicht anschließen. Deshalb fährt man in England und den früheren britischen Kolonien links und nicht rechts. In London ist die Zufahrt zum Savoy Hotel › S. 35 die einzige Straße, auf der das Fahren auf der rechten Seite vorgeschrieben ist.

Warum gibt es so viele grüne Halsbandsittiche in London?

Erst fielen sie nur im Richmond Park › S. 164 auf. Mittlerweile sind sie in fast allen Parks und Privatgärten zu finden, wo sie ein Mordsspektakel machen. Mehrere Legenden kursieren, etwa dass sie 1950 während der Aufnahmen für »African Queen« aus den Shepperton Filmstudios entwichen seien oder dass Jimi Hendrix 1960 zwei der Vögel freigesetzt habe, um London mehr »psychedelische Farbe« zu verleihen. Biologen der Cambridge-Universität versichern jedoch, dass es seit 1855 Halsbandsittiche in London gibt und ihre Ausbreitung mit dem Klimawandel zu tun hat.

Was geschieht, wenn die Division Bell klingelt?

Die Glocke kündigt eine Abstimmung im Parlament an. Wenn sie läutet, haben die Abgeordneten genau acht Minuten Zeit, sich im Unterhaus einzufinden. Deshalb wurde die Glocke im Regierungsviertel in Pubs, Restaurants, Läden und Wohnhäusern installiert. Wer also in Westminster z. B. in St. Stephen's Tavern (10 Bridge St.) [G4] ein Bier trinkt und plötzlich ein Bimmeln hört, wird gleich darauf erleben, wie Parlamentsmitglieder fluchtartig das Lokal verlassen.

Was sind Cabmen's Shelters?

Very very English: Die 13 grünen Holzhütten wurden 1875 in der Innenstadt errichtet, damit Kutscher in ihnen eine warme Mahlzeit zu sich nehmen konnten. Zu finden sind sie z. B.: Pont St. [E5] (nahe Sloane St.), Hanover Sq. [F3], Kensington Rd. [C4] (bei Queen's Gate) und Warwick Ave. [C2]. Für Taxifahrer gibt's darin deftige Hausmannskost. Passanten dürfen sich zwar nicht dazusetzen, können aber in den meisten ein Sandwich kaufen.

Tower Bridge, eines der Wahrzeichen Londons

REISE-
PLANUNG &
ADRESSEN

Die Stadtviertel im Überblick

Big Ben, Buckingham Palace, die roten Telefonzellen und Doppeldeckerbusse, Norman Fosters »Gurke« und Richard Rogers »Käsereibe« – wer sich in London bereits auskennt, begrüßt seine alten und neuen Symbole wie gute Bekannte.

Für neue Besucher hingegen ist die Orientierung nicht immer einfach. Im Lauf der Jahrhunderte hat die ständig wachsende Hauptstadt immer mehr angrenzende Siedlungen vereinnahmt und wirkt wie ein zufällig entstandener Flickenteppich. Das kosmopolitische Zentrum ist umgeben von Vororten, die sich vielfach ihren spezifischen, oft immer noch dörflichen Charakter bewahrt haben.

Daran gedacht?

Einfach abhaken und entspannt abreisen

- ☐ Reisepass / Personalausweis
- ☐ Flug- / Bahntickets
- ☐ Zulassungsschein /
- ☐ Führerschein (Leihwagen)
- ☐ Auslandskrankenversicherung abschließen
- ☐ Babysitter für Pflanzen und Tiere organisiert
- ☐ Zeitungsabo umleiten / abbestellen
- ☐ Postvertretung organisiert
- ☐ Hauptwasserhahn abdrehen
- ☐ Fenster zumachen
- ☐ Nicht den AB besprechen »Wir sind für zwei Wochen nicht da«
- ☐ Kreditkarte einstecken
- ☐ Medikamente einpacken
- ☐ Ladegeräte
- ☐ Dreipoligen UK-Adapter einstecken

City of Westminster

Hier liegt das Herz der Stadt. In der City of Westminster sind die meisten der großen Glanzpunkte auf engem Raum konzentriert. Ihren Dreh- und Angelpunkt bildet das historische Regierungsviertel mit den Parlamentsgebäuden und der Westminster Abbey. Nur etwa zehn Gehminuten entfernt liegt das markante Denkmal der alten britischen Seemacht und ihrer Helden: Trafalgar Square.

Die Großen der Kunst sind mit ihren Werken in der National Gallery versammelt, fast nebenan breiten sich die grünen Lungen aus: St. James's Park und Green Park mit dem Buckingham Palace, der Londoner Residenz der Royals.

Weitere Highlights in Westminster sind die Läden, Bars und Restaurants von Soho und Chinatown, die Theaterwelt in Covent Garden, die guten Shoppingadressen in Knightsbridge und Mayfair und nicht zuletzt im Osten das literarische London in Bloomsbury

Faszinierende Aussicht vom Oxo Tower am Südufer der Themse

und Fitzrovia mit dem British Museum als strahlendem Fixstern. In nördlicher Richtung liegt der Stadtteil Marylebone mit seinen trendigen Läden, Madame Tussauds Wachsfigurenkabinett und dem Freizeitrefugium Regent's Park.

Royal Borough of Kensington & Chelsea

Dieser Stadtteil am westlichen Rand der Innenstadt trägt bis heute – und dies amtlich – das »Royal Borough« im Namen und auf jedem Straßenschild, weil Kensington vormals königlicher Privatbesitz war. Hierzu gehören der Hyde Park (das königliche Jagdrevier von einst) sowie – westlich der Brücke über den Serpentine-See – die Kensington Gardens mit dem Kensington Palace und der Royal Albert Hall. Andere Attraktionen des Royal Borough sind die Museumsmeile in South Kensington, die schmucken Häuserreihen in Chelsea, die elegante Shoppingadresse Sloane Street und der berühmte Antik- und Trödelmarkt der Portobello Road in Notting Hill. Nicht zu vergessen das stille Idyll des Holland Park.

City of London

Was man im Börsenviertel der City of London (zur Verwaltung › **S. 60, 61**) entdeckt, ist voll der Kontraste, die Londons große Anziehungskraft ausmachen: die 1694 gegründete Bank of England und der mächtige Kuppelbau der St. Paul's Cathedral, kleine Kirchen aus dem 17. Jh. neben monumentalen Glas- und Betonpalästen, mittelalterliche Atmosphäre in den winkligen Gassen der Inns of Court, dem Quartier der Rechtsanwälte, nostalgische Schenken und hippe Bars rund um den Smithfield Central Market – zeitgeistig Modernes und Historisches.

Der Tower of London, steinernes Zeugnis jahrhundertealter Geschichte

Das Südufer der Themse

Im Borough Southwark bietet ein Themsespaziergang nicht nur ein groß-
artiges Citypanorama von den Houses of Parliament bis zum Tower. Auch
die Attraktionen der South Bank können sich sehen lassen. Lang ist es her,
seit Bankside – im elisabethanischen Zeitalter ein berüchtigtes Rotlichtvier-
tel – von der guten Gesellschaft gemieden wurde. Vorbei am Riesenrad London Eye flaniert man heute die Uferpromenade entlang zum Kulturzentrum
der South Bank. Nach der Royal Festival Hall, dem National Theatre und
der Hayward Gallery zählen die Kunstgalerie Tate Modern und Shakespeare's Globe Theatre zu den bedeutenden kulturellen Zentren der Stadt.
Am Uferweg gen Osten folgen das ehemalige Kriegsschiff HMS Belfast und
die hochmoderne City Hall, der Sitz des Stadtparlaments, die legendäre Tower Bridge schon im Blick. Das nahe Design Museum – dicht bei zahlreichen Szene-Restaurants gelegen –
hat weltweite Bedeutung.

SEITENBLICK

SW1 – Victoria, Westminster
Was steckt hinter den mysteriösen
Buchstaben-Zahlen-Kombinationen
bei jeder Adresse? Die ersten Buch-
staben sind zunächst eine geografische Richtungsangabe: EC heißt East
Central, WC West Central, N North
und NW Northwest. Die Ziffern
beziehen sich in der Regel auf die
alphabetische Reihenfolge der Dis-
triktnamen.

Londons Osten

Auch der Stadtteil Tower Hamlets
im Osten der Stadt lebt von enormen
Gegensätzen, von einer Mischung
aus Alt und Neu: Im traditionellen
Arbeiter- und Immigrantenbezirk
Spitalfields findet man stilgetreu restaurierte Häuser aus dem 17. Jh.,
während nur zwei Straßen weiter
das bunte Ambiente der Curry-
Restaurants und Sari-Läden vor-

herrscht. Hoxton hat sich zum avantgardistischen Künstlerviertel entwickelt, und auch im benachbarten Whitechapel, wo einst Jack the Ripper sein Unwesen trieb, gibt es viele Galerien und Trend-Restaurants.

Südlich dieser alten Viertel ist der Tower of London ein Symbol der Londoner Geschichte. Über den ehemaligen Fischerdörfchen Wapping und Limehouse östlich der Tower Bridge liegt noch ein Hauch des alten Hafenzaubers, während der Neubaukomplex Canary Wharf auf der Isle of Dogs als neue Hochburg der Finanzwelt glitzert. Und auf der anderen Seite der Themse glänzt Greenwich, ein faszinierendes Ensemble maritimer und königlicher Denkmäler, die zum UNESCO-Weltkulturerbe gehören, darunter das National Maritime Museum und das Royal Observatory, durch das der Nullmeridian verläuft.

Klima & Reisezeit

Das Wetter ist das wichtigste Gesprächsthema in Großbritannien. Jede Konversation beginnt unweigerlich mit dem Ritual *Lovely day, isn't it?* oder – bei schlechtem Wetter – *Nasty day, isn't it?* (Die korrekte Antwort lautet *Isn't it lovely?* oder gegebenenfalls *Isn't it nasty?*)

Die bekannte Wechselhaftigkeit speziell des Londoner Klimas rührt von der Lage der britischen Hauptinsel zwischen zwei Meeren und der Nähe der Stadt zur Themsemündung her. Der Golfstrom sorgt für meist milde Winter mit kurzen Frostperioden. Grundsätzlich gleicht das Londoner Klima am ehesten dem in Norddeutschland. Der Klimawandel bringt es allerdings mit sich, dass auch in der britischen Hauptstadt die Temperaturen auf bis zu 30 °C klettern können. Im Frühling und Herbst ist London daher klimatisch am angenehmsten zu erkunden. Überschwemmt von Touristen wird die Stadt zu Ostern und anderen Feiertagen, überraschend still und verkehrsarm ist sie hingegen im August: Während der Sommerferien ab etwa der zweiten Julihälfte bis gegen Ende September sind viele Londoner verreist.

Als Touristenmagnet fungiert London quasi das ganz Jahr, doch der Notting Hill Carnival im August › S. 69 übt besonders große Anziehungskraft aus. Wer ihn miterleben möchte, sollte sich möglichst früh eine Unterkunft besorgen.

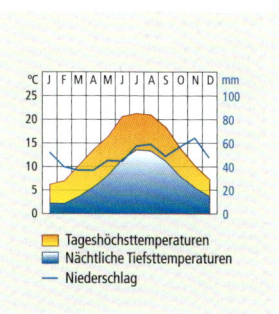

Tageshöchsttemperaturen
Nächtliche Tiefsttemperaturen
Niederschlag

London for less

Kreuz und quer durch die Stadt

Nicht alles in London muss teuer sein. Eine Stadtrundfahrt geht ins Geld, aber der **Ausflug mit einem normalen Doppeldeckerbus** – vielleicht auf der Route 11 vom Sloane Square vorbei an Westminster Abbey, Big Ben und Trafalgar Square bis zur Bank of England – kostet nur ein Tagesticket, z.B. die Off-Peak Day Travelcard, gültig ab 9.30 Uhr.

- **Transport for London**
  Infos über Busrouten und Preise.
  www.tfl.gov.uk

Für jedes Interesse

Der Eintritt zu vielen Touristenattraktionen ist hoch. Was leicht übersehen wird, sind die zahlreichen kostenlosen Glanzpunkte.

Der kostenlose **Evening Standard** und **Time Out** (online, www.timeout.com/london) informieren über Theateraufführungen, Konzerte und Gratisvorstellungen in London.

Es kostet nur Zeit, einen großen Strafprozess im **Central Criminal Court,** dem legendären Old Bailey, zu verfolgen. Passend zum Thema: die **Inns of Court,** das bereits im Mittelalter entstandene Viertel der Anwaltskanzleien. Dort herumzubummeln gewährt faszinierende Einblicke in das Arbeitsleben der Anwälte (Ⓤ Temple).

Ferner können Besucher – ohne Eintritt zu bezahlen – den mitunter höchst unterhaltsamen Debatten im **Unter- und Oberhaus** zuhören. Besonders gut besucht sind die Fragestunden *(Question Time).*

- **Old Bailey** [J3]
  Newgate St., EC4
  Tel. 020-7248 3277
  www.cityoflondon.gov.uk
  Ⓤ St. Paul's
  Public Galleries: Mo–Fr 10–13 und
  14–17 Uhr
- **Houses of Parliament** [G4]
  www.parliament.uk
  Ⓤ Westminster
  Public Galleries im House of Com-
  mons/House of Lords: Mo–Di ab
  14.30, Mi ab 11.30/15, Do ab
  10.30/11, Fr ab 9.30/10 Uhr

Literarisches

Bei schlechtem Wetter kann man in
Piccadilly im Buchladen **Waterstone's** stundenlang stöbern oder
den neuesten Bestseller anlesen.

- **Waterstone's** [F3]
  203 Piccadilly, W1
  Tel. 020-7851 2400
  Ⓤ Piccadilly

Spaß im Freien

Gratis sind die Amüsements der
Grünanlagen. Die Brücke im
St. James's Park › S. 85 bietet einen
herrlichen Blick auf den Buckingham Palace (v. a. bei Sonnenuntergang). Zur Mittagszeit kann man
durchaus dem einen oder anderen
flanierenden Politiker begegnen.
Sehenswert ist immer die Zeremonie **Changing the Guard** › S. 87 vor
dem Buckingham Palace.

Die **South Bank** › S. 137 lockt mit
kostenlosen Theater- und Ausstel-
lungsprogrammen. Musikanten,
Jongleure, Zauberkünstler – auch
auf der Piazza von **Covent Garden**
› S. 94 ist immer etwas los.

- **St. James's Park** [F/G4]
  The Mall, SW1
  Ⓤ St. James's
  Geöffnet tgl. von Sonnenaufgang bis
  Sonnenuntergang
- **Changing the Guard** [F4]
  Buckingham Palace
  www.royal.gov.uk
  www.changing-the-guard.com
  Ⓤ St. James's
  Tgl. 11.30 Uhr (Mitte Aug.–Mitte April
  nur jeden zweiten Tag)
- **South Bank** [H4]
  www.southbanklondon/page/
  whatson
  Ⓤ Westminster
- **Covent Garden** [G3]
  www.covent-garden.co.uk
  Ⓤ Covent Garden

Musik- und Theater

Lunchtime-Konzerte, mitunter als
recitals angekündigt, sind in vielen
kleineren Kirchen meist kostenlos,
die Atmosphäre angenehm unge-
zwungen.

Die **Royal Opera** › S. 54 verkauft
um 10 Uhr morgens 67 preiswerte
Tickets. (Studenten zahlen häufig
nicht mehr als £ 10). Wer abends ins
Theater möchte, kann mit etwas
Glück Restkarten für West-End-
Shows an der **tkts Half Price Ticket
Booth** erstehen. Die Previews neuer
Shows kurz vor der Premiere kosten
ebenfalls weniger.

- **tkts Half Price Ticket Booth** [G3]
  Karten für Theater und Ballet zum hal-
  ben Preis; dazu kommen £ 3 Gebühr.
  Leicester Square
  www.tkts.co.uk
  Ⓤ Leicester Square
  Mo–Sa 10–19, So 11–16.30 Uhr

Straßenkünstler in Covent Garden

Auf dem Museumstrip

In der **Tate Modern** heißt es: moderne Kunst zum Nulltarif. Aber auch in den anderen **staatlichen Museen** ist der Eintritt– außer zu Sonderausstellungen – frei.

Zu den besten freien Attraktionen der Stadt zählt ferner das **Bank of England Museum**. Es informiert über die lange Geschichte der Bank, und man lernt, wie früher Münzen geprägt wurden.

Wer mehrere der großen Attraktionen wie das London Aquarium und den Tower sehen möchte, sollte das Angebot des **London Pass** (mit freier Fahrt zu den Sehenswürdigkeiten per Bus und U-Bahn) erwägen. Infos und Verkauf: Großbritannien-Reiseshop.

- **Bank of England Museum** [K3]
  Threadneedle St., EC2
  Eingang Bartholomew Lane
  Tel. 020-7601 5545
  Ⓤ Bank
  Mo–Fr 10–17 Uhr
- **London Pass**
  www.londonpass.com; zu bestellen über Großbritannien-Reiseshop
  Dorotheenstr. 54 | 10117 Berlin
  www.visitbritaindirect.com

Notorisch teure Restaurants?

Auch hier muss man kein Vermögen ausgeben, wenn man zwei Vorspeisen wählt, nur ein Hauptgericht bestellt, sich mittags an ein meist preiswertes *lunch menu* hält oder sich am frühen Abend für ein *pre-theatre menu* entscheidet. Das Londoner Leitungswasser ist exzellent und wird in Restaurants bereitwillig auf den Tisch gestellt, wenn man danach fragt. Wer britische Hausmannskost probieren möchte: In **Maria's Market Café** mitten im Borough Market kostet eine Riesenportion *bacon & eggs* mit gegrillten Tomaten und Bratkartoffeln nur £ 4,50. Gratis (und unterhaltsam) ist ein Schwätzchen mit Besitzerin Maria Moruzzi.

- **Maria's Market Café** [K4]
  Stoney St., SE1 | Ⓤ London Bridge
  Mi 5–14, Do 5–16.30, Fr 5–17.30, Sa 5–17 Uhr

Society for free

Wer einen Blick auf die feine Gesellschaft werfen möchte – in den Hochämtern des **Brompton Oratory** › S. 110 und von **St. Paul's Cathedral** › S. 124 ist sie präsent, meist in Haute Couture gekleidet.

- **Brompton Oratory** [D5]
  Brompton Rd.
  www.bromptonoratory.com
  Ⓤ South Kensington
  Hochamt So 11 Uhr
- **St. Paul's Cathedral** [J3]
  St. Paul's Churchyard
  www.st.pauls.co.uk
  Ⓤ St. Paul's
  Hochamt So 11.30 Uhr

Anreise

Mit dem Flugzeug
Heathrow Airport

In Heathrow, 22 km westlich des Zentrums, landen die Linienjets. Im Frühjahr 2008 wurde Londons wichtigster und größter Flughafen um den neuen Terminal 5 erweitert.

- **Flughafeninfo:** Tel. 0844-335 1801, www.heathrowairport.com
- Man kann mit der **U-Bahn** (Piccadilly Line) direkt in die Stadtmitte fahren (Abfahrt alle 4 Min., Dauer ca. 60 Min., £ 5,70 Einzelfahrt).
- Von Heathrow Central (Terminals 1, 2, 3) fährt der **Heathrow Express** alle 15 Min. nach Paddington Station; die Fahrtzeit beträgt 15 Min. Die Terminals 4 und 5 sind jeweils mit Shuttle-Zügen angeschlossen, Umsteigen in Heathrow Central. Fahrtzeiten nach Paddington 23 Min. (Terminal 4) bzw. 21 Min. (Terminal 5). Hin- und Rückfahrt bei Buchung online oder an der Ticketmaschine £ 34 (im Zug £ 39); www.heathrowexpress.com.
- Der Zug **Heathrow Connect** verbindet ebenfalls die Terminals 1–3 mit Paddington (Umsteigeverbindungen zu Terminal 4 und 5), hält aber mehrfach unterwegs. Fahrtdauer ca. 30 Min., Hin- und Rückfahrt £ 19,80; www.heathrowconnect.com.
- **National-Express-Busse** ab Victoria Coach Station alle 30 Min., Fahrtdauer ca. 55 Min., ab £ 6; www.nationalexpress.com.
- **Taxi:** Fahrtzeit 45–60 Min., zwischen £ 60 und £ 75.

Gatwick Airport

Dieser internationale Flughafen liegt 42 km südlich von London.

- **Flughafeninfo:** Tel. 0844-811 8322, www.gatwickairport.com
- Nach Victoria Station fahren die Züge des **Gatwick-Express** in der Zeit von 6 bis 20 Uhr alle 15 Min., 4.30–5.30 bzw. 20.30–0.30 Uhr alle 30 Min.; Fahrzeit 30 Min., einfach £ 19,90 (online £ 17,75).
- Die **Southern-Trains-Züge** verkehren nach Victoria Station; Fahrtzeit 40 Min., ab £ 14,40.
- **First-Capital-Connect-Züge** verkehren nach King's Cross (ab £ 13,80 einfach) und Victoria Station (ab £ 12,60).
- **National-Express-Bus** bis Victoria Coach Station, Fahrtdauer 90 Min., ab £ 8.
- **Taxi:** Fahrtzeit 70–80 Min., £ 100–110.

City Airport

Er liegt 10 km östlich der City in den Docklands und hat Flugverbindungen zu rund 30 Reisezielen.

- **Flughafeninfo:** Tel. 020-7646 0000, www.londoncityairport.com

- Die Züge der **Docklands Light Railway** fahren zur Ⓤ Bank in der City, Ticketpreis £ 4,70.
- **Taxi:** rund 40 Min. ins West End, £ 35–45.

Luton Airport
53 km nordwestlich des Zentrums liegt dieser Flughafen.
- **Flughafeninfo:** Tel. 01582-405100, www.london-luton.co.uk
- Die **FirstGroup-Shuttlebusse** fahren alle 10 Min. zum Bahnhof Luton, von dort gehen alle 15–30 Min. Züge nach St. Pancras International (35–60 Min.).
- Mit dem **National-Express-Bus** (Haltebuchten 4,5 und 6) gelangt man direkt vom Airport in die Innenstadt, Fahrtzeit 90 Min., ab £ 10,00 einfach.
- **Taxi:** 60 Min., ca. £ 110–120.

Stansted Airport
49 km nordöstlich des Zentrum gelegen, wird er von den großen Billigfluggesellschaften angeflogen.
- **Flughafeninfo:** Tel. 0844-335 1803, www.stanstedairport.com
- Mit dem Zug **Stansted Express** hat man eine gute Verbindung zur Liverpool Street Station, und zwar alle 15–30 Min., Dauer 50 Min., einfach £ 23,40, hin und zurück ab £ 33,20; www.stanstedexpress.com. Service ab Liverpool Station 3.40 Uhr (Sa, So ab 4.10) bis 23.25 Uhr. Von Stansted: 5.30–0.30 Uhr, Mo, Fr, So bis 1.30 Uhr.
- Der Bus **Terravision Express Shuttle** (Haltebuchten 13–14) fährt in ca. 75 Min. nonstop zu Victoria Station, einfach £ 9, Return-Ticket £ 15.
- **Taxi:** ca. 90 Min., ca. £ 100.

Mit dem Auto
- **Durch den Kanaltunnel:** Pkw werden bei Calais bzw. Folkestone auf Pendelzüge des Eurotunnel verladen (Vorausbuchung ist billiger). Reine Fahrtzeit 35 Min. Tel. 0180-5 00 02 48, www.eurotunnel.com.
- **Per Schiff:** Nach wie vor verkehren Autofähren über den Ärmelkanal; die kürzeste Strecke Calais–Dover wird in ca. 1,5 Std. bewältigt. Eine Übersicht über die verschiedenen Fährverbindungen nach Großbritannien bietet www.visitbritain.com.

Mit dem Zug
Durchgehende Eurostar-Züge verbinden London St. Pancras International durch den Kanaltunnel mit Brüssel und Paris. Darüber hinaus kann man auch mit dem Zug bis an die Kanalküste fahren und dann auf Fähren umsteigen. Von allen englischen Ankunftshäfen gibt es Anschlusszüge nach London. Auskünfte erteilen Bahn- und Reisebüros.

Stadtverkehr

U-Bahn: »The Tube«

Londons schnellstes und bequemstes Verkehrsmittel umfasst ein Netz von über 4000 km mit 700 Stationen. Fahrscheine gibt es am Schalter oder aus Automaten an den Stationen. Die Tickets muss man während der Fahrt aufheben, sonst kommt man nicht durch die Ausgangssperren!

- **Betriebszeiten:** Mo–Sa 5.30–24, So 7.30–23.30 Uhr.
- Die **Docklands Light Railway** (DLR) vom Tower Gateway in die Docklands und über Greenwich bis Lewisham verkehrt Mo–Sa 5.30–0.30, So 7–23.30 Uhr.

Busse

Auf den Innenstadtlinien kommen die Busse alle fünf Minuten. Nachtbusse haben ein blaues »N« vor der Nummer; viele verkehren über den Trafalgar Square. Wichtig: Tickets kaufen, bevor man einsteigt und immer mit Handzeichen signalisieren, dass man mitgenommen werden möchte. **Travel Info** zu Bus, U-Bahn und DLR: Tel. 0843-222 1234, www.tfl.gov.uk.

SEITENBLICK

Zu Fuß, mit dem Rad, zu Pferde

Die Wanderpfade an der Themse sind ideal zum Joggen oder einfach für einen Spaziergang. Wer den Fluss ausgiebig kennenlernen will, findet auf der Internetseite www.thames-path.org.uk die wichtigen Wanderinformationen. Über alles, was in London im weitesten Sinn sportlich angeboten wird, von Entspannung pur bis zum Radrennen, informiert www.tfl.gov.uk.

In der Innenstadt gibt es ein öffentliches Fahrradverleihsystem mit 300 Stationen unter dem Namen **Barclays Cycle Hire** (www.tfl.gov.uk/barclayscyclehire). Die **London Bicycle Tour Company** (1a Gabriel's Wharf, 56 Upper Ground, SE1, Tel. 020-7928 6838, www.bicycle.com, Ⓤ Waterloo) organisiert auch geführte Touren, z.B. durch den Hyde Park. Leihräder kosten £ 3,50 pro Stunde.

Das Angebot der **Reitställe** an Ausritten ist sowohl für Anfänger als auch für erfahrene Reiter geeignet.

- **Hyde Park Stables** [C3]
  Gruppenunterricht ab £ 75.
  63 Bathurst Mews, W2 | Tel 020-7723 2813 | www.hydeparkstables.com
  Ⓤ Lancaster Gate | Mo–Fr 7.15–17, Sa, So 9–17 Uhr
- **Wimbledon Village Stables**
  Gruppenunterricht ab £ 85.
  24 a/b High Street Wimbledon, SW19 | Tel.020-8946 8579
  www.wvstables.com | Ⓤ Wimbledon | Tgl. 8–18 Uhr

Tarifsystem im öffentlichen Nahverkehr

Die günstige **Visitor Travelcard** berechtigt an 1, 3 oder 7 aufeinanderfolgenden Tagen zur Benutzung aller öffentlichen Verkehrsmittel im Innenstadtbereich. Dazu gibt es Rabattgutscheine für viele Sehenswürdigkeiten, Geschäfte und Restaurants. Man muss die Card über ein Reisebüro zu Hause besorgen (kein Verkauf in GB).

In London kann man an Bahnhöfen, U-Bahnstationen und in Zeitungsläden unterschiedliche **Travelcards** kaufen und damit beliebig oft in U-Bahnen und Busse steigen. An Wochenenden gelten Travelcards ohne Einschränkung, sonst ab 9.30 Uhr (die **Off-Peak Travelcard** gilt nicht für Nachtbusse). Es gibt auch **Weekend** und **Family Travelcards.**

In der Regel noch günstiger ist die **Oyster Card**: Mit dieser wiederaufladbaren Prepaidkarte, die an jeder U-Bahnstation erhältlich ist, sind alle Fahrten mit dem Bus oder der U-Bahn um die Hälfte billiger als zum regulären Preis (Details nennt https://oyster.tfl.gov.uk/oyster/entry.do).

Taxis

Die traditionellen schwarzen *cabs* (teils auch in anderen Farben) sind verlässlicher und nicht immer teurer als *Minicabs* und können auf der Straße herangewinkt werden.

- www.london-taxi.co.uk
- **Radio Taxis:** Tel. 020-8640 0400
- **Lady Cabs** ist ein Service, der selbst keine Taxis hat, aber solche nur für Frauen vermittelt, Tel. 020-7272 3300
- **Beschwerden:** Tel. 0845-602 7000 (The Public Carriage Office), Mo–Fr 8–20 Uhr (wichtig: geben Sie die Taxinummer an).
- **Fundsachen (Lost Property):** Tel. 0845-330 9882

Autofahren in London

Dass in Großbritannien links gefahren wird, ist bekannt; beachten muss man, dass im Kreisverkehr *(roundabout)* immer »rechts vor links« gilt. Doppelte gelbe Linien und Zickzacklinien markieren ein absolutes Halteverbot.

Ab 18.30 Uhr darf man in der Regel auf einfachen gelben Linien parken. In der Innenstadt hat ein auf SMS basierendes Mobiltelefon-Bezahlsystem die Parkuhren weitgehend ersetzt. Die Politessen kennen keine Gnade!

SEITENBLICK

Congestion Charge

Autofahrer müssen in einem 22 km^2 großen Gebiet in der Innenstadt Mo bis Fr (außer an Feiertagen) für die Zeit von 7–18 Uhr eine »Verschmutzungsgebühr« von £ 10 pro Tag zahlen (£ 12 kostet es, wenn man erst am Tag darauf bezahlt). Man kann auch für eine Woche oder einen Monat im Voraus bezahlen, z.B. online oder in Geschäften mit dem CC-Logo: roter Kreis mit weißem »C«. Infos: www.cclondon.com

SPECIAL

Mit Kindern in der Stadt

Großstadturlaub mit Kindern ist in London mit etwas Geschick durchaus machbar, denn die Mischung aus Historie, Fluss und Parks liefert viele Ideen. Haben Kinder schon D. H. Wilsons »Jeremy James oder Wie wird man eigentlich König« gelesen, wird ihre Neugier z. B. auf **Changing the Guard** am Buckingham Palace › S. 87 kaum zu zügeln sein – aber kommen Sie früh, um sich einen guten Platz zu sichern.

Spielen im Grünen, Kontakt zu Tieren

In den Parks gibt es jede Menge Platz zum Toben, dazu Abenteuerspielplätze – mustergültig der **Diana, Princess of Wales Memorial Playground** in den **Kensington Gardens** › S. 105 – und im **Battersea Park** › S. 118 einen kleinen Streichelzoo. Im **Hyde Park**

werden am See **The Serpentine** › S. 105 Boote für lustige Runden zwischen Enten und Schwänen vermietet. Der Südlondoner **Brockwell Park** hat eine exzellente BMX-Bahn (www.brockwellpark.com).

Die Unterwasserwelt des **London Aquarium** › S. 138 (nicht den berüchtigten Pfeilgiftfisch verpassen!) ist ebenso beeindruckend wie ein Besuch im **London Zoo** im Regent's Park › S. 93, wo man beim Canopy Walk Affen und anderen Tieren in Höhe tropischer Baumkronen recht nahe kommt – der Zoo hat auch einen Anleger für lustige Kanalboote.

Größer sind die Boote, die in 1,5 Std. nach **Kew** › S. 163 tuckern. Dort ist der **Tree Top Walkway** in den Baumwipfeln der Kew Gardens richtig aufregend (Kinder in Begleitung Erwachsener bis 17 Jahre frei).

Prinzessin-Diana-Spielplatz in den Kensington Gardens **33**

Wissenschaft spannend: Science Museum

Eine Night Time Safari bietet das spannende Naturschutzgebiet **London Wetland Centre** mit Sümpfen und Wildvögeln an der Themse (Queen Elizabeth Walk, Barnes SW13, Tel. 020-8409 4400, tgl. Nov. bis März 9.30–16, April–Okt. 9.30 bis 17 Uhr, Ⓤ Hammersmith, dann Bus 283, Stand K, www.wwt.org.uk).

Keine Langweile im Museum

Ganz der Kinderwelt widmen sich **Pollock's Toy Museum** › S. 98 und das entzückende **Museum of Childhood** (Cambridge Heath Road E2, tgl. 10–17.30 Uhr, Ⓤ Bethnal Green, www.museumofchildhood.org.uk). Die Sammlung von Puppen, Teddybären und anderem Spielzeug gehört zum **Victoria and Albert Museum** (V & A) › S. 111, das auch in South Kensington vielfältige Aktionen für Familien bietet.

Gleich um die Ecke des V & A sind Dinosaurier und Schmetterlinge im **Natural History Museum** › S. 112 spannende Objekte. Im nahen **Science Museum** › S. 112 gibt es – ebenso wie in den Kew Gar-

dens – Sleep overs: Eine Nacht im Museum mit Filmvorführungen und anderen Amüsements (mind. fünf Kinder von 8–11 Jahren in Begleitung eines Erwachsenen).

Verkehrsmittel neu und alt werden Kinder im **London Transport Museum** › S. 94 begeistern.

Chips & Co

Imbissstände für den kleinen Hunger – Pommes frites heißen hier *chips* – gibt es in unglaublicher Vielfalt, außerdem gute Fastfood-Lokale mit legerem Ambiente › S. 46. Italienische Restaurants sind meist die kinderfreundlichsten, und in **Ed's Easy Diner** (The Trocadero, Unit 34b, 19 Rupert Street, W1) [G3] gibt es saftige Hamburger und eine Jukebox an jedem Sitzplatz.

Spaß unterwegs

Oben in Doppeldeckerbussen zu fahren ist für alle ein Spaß und kann auf den normalen Linien – verbunden etwa mit einer **Travelcard** für Familien › S. 32 – recht preisgünstig sein. In den U-Bahnhöfen beeindrucken sicher die z. T. extrem hohen Rolltreppen – und dann natürlich die Schiffe auf Londons Fluss: gemütliche kleine Themseboote oder schnittige Katamarane.

Harry-Potter-Fans können sich den Spaß machen, im großen **Bahnhof King's Cross** das berühmte Gleis 9¾ zu suchen …

Ein Superladen

Eine Verlockung für große und kleine Kinder ist der Spielzeugladen **Hamley's** [F3] (188–196 Regent St.).

Unterkunft

Londons Luxusherbergen glänzen mit Eleganz und vollendetem Service. Leider gehören die Zimmerpreise zu den höchsten der Welt.

Zum Übernachtungspreis kommen 20 % Mehrwertsteuer. Aber es gibt mehr und mehr preiswerte Hotels. Viele findet man in der Nähe der Bahnhöfe und des British Museum. Umweltfreundlich arbeitende Häuser bietet www.green-tourism.cpm/london.

Viele Bed & Breakfast-Häuser sind im Grunde kleine Hotels garni. In teuren Hotels ist das Frühstück meist nicht inbegriffen. Die Marktlücke zwischen Grandhotels und Kettenherbergen schließen kleine exklusive Häuser, vom verspielten *Charming Town House* bis zum großartig gestalteten Hotel. Immer nach Sondertarifen fragen, denn in der Nachsaison oder am Wochenende sind sie durchaus üblich.

Die aktuelle Broschüre **Visit London Accommodation Guide** kann man kostenlos bestellen über www.visit london.com/maps/guides.

Luxus

Claridge's €€€ [E3]
Von Cary Grant und Katherine Hepburn zu Mick Jagger und Kate Moss: Die Zeiten ändern sich und so auch die Gäste in einem der besten Hotels Londons. Nach dem »Sunday Night Special« fragen.
50 Dinge ⑤ › S. 12.
• Brook St., W1 | Mayfair
Tel. 020-7107 8862
www.claridges.co.uk | Ⓤ Bond Street

Edition €€€ [F2]
Klassischer Stil britischer Herrenklubs, gekoppelt mit modernen technischen Raffinessen. Unweit des British Museum.
• 10 Berners Street, W1 | Fitzrovia
Tel. 020-7781 0000
www.edition-hotels.marriott.com
Ⓤ Oxford Circus

Ham Yard Hotel €€€ [F3]
Modern-britisches Design von Kit Kemp. Hauseigenes Kino, lauschiger Garten.
• 1 Ham Yard, W1 | Piccadilly
Tel. 020-3642 2000 | www.firmdale hotels.com/ham-yard-hotel
Ⓤ Piccadilly Circus

Jumeirah Carlton Tower €€€ [E5]
Zeitlos elegantes, mit viel Liebe zum Detail geführtes Hotel. Designer-Shopping in Knightsbridge liegt vor der Tür. Zu den Highlights gehören der 20 m lange Pool und der Golfsimulator.
• 2 Cadogan Place, SW1 | Knightsbridge
Tel. 020-7235 1234 | www.jumeirah. com/Carlton-Tower-London
Ⓤ Knightsbridge

ME €€€ [H3]
Das Londoner Prunkstück der spanischen Hotelgruppe Melia ist sympathisch und gut geführt. Rooftop Bar mit grandiosem Blick über London.
• 336–337 The Strand, WC2 | Aldwych
Tel. 0808-234 1953 | www.melia.com
Ⓤ Charing Cross oder Temple

The Ritz €€€ [F4]

Ein Stück Paris mitten in London:
prächtige Treppenaufgänge, opulente
Louis-XVI-Inneneinrichtung.
• 150 Piccadilly, W1 | Mayfair
  Tel. 020-7493 8181
  www.theritzlondon.com
  Ⓤ Green Park

The Savoy €€€ [H3]

Hier lunchte schon Winston Churchill
mit seinem Kriegskabinett. Seit 1889
eine britische Institution und nach auf-
wendiger Renovierung wieder Bühne für
den großen Auftritt.
• Strand, WC2 | Covent Garden
  Tel. 020-7836 4343
  www.fairmont.com
  Ⓤ Charing Cross

Das Savoy ist eine der ersten Adressen
Londons

Charming Town Houses

One Leicester Street €€€ [G3]

Mitten in Chinatown: 15 komfortable
Räume mit minimalistischem Dekor in
einem fünfstöckigen Gebäude aus dem
18. Jh. Britische Küche von Chefkoch
Tom Harris, der 2012 mit einem Miche-
linstern ausgezeichnet wurde.
• 1 Leicester St., WC2 | Soho
  Tel. 020-3301-8020
  www.oneleicesterstreet.com
  Ⓤ Leister Square

South Place Hotel €€€ [K2]

Neues Boutiquehotel mit avantgardisti-
schem Design, Außenterrasse, großer
Fitness- und Wellnessbereich. Überall
Werke von jungen Künstlern. Terence
Conrans Designbüro macht auch hier
alles richtig.
• 3 South Place, EC2 | City
  Tel. 020-3215 1270
  www.southplacehotel.com
  Ⓤ Moorgate

The Fox & Anchor €€–€€€ [J2]

Wunderbare Lage zwischen den historischen Schenken und trendigen Restaurants des Smithfield-Fleischmarkts.
Sechs luxuriöse Zimmer. Kein Lift (die
Treppen sind steil).
• 115 Charterhouse St., EC1
  Smithfield | Tel. 020-7250 1300
  www.foxandanchor.com
  Ⓤ Farringdon

Charlotte Street Hotel €€ [F2]

52 komfortable Zimmer, modern und
dennoch mit englischem Flair.
• 15 Charlotte St., W1 | Fitzrovia
  Tel. 020-7806 2000
  www.firmdale.com
  Ⓤ Oxford Street

Einladend: das modern eingerichtete B&B Belgravia

The Dean Street Townhouse €€ [G3]
Ein Glanzstück georgianischer Architektur mit modernem Komfort.
• 69–71 Dean St., W1 | Soho
  Tel. 020-434 1775
  www.deanstreettownhouse.com
  Ⓤ Leicester Square oder Piccadilly

Egerton House Hotel €€ [D5]
Floraler Chintz und knarrendes Parkett, der Inbegriff des englischen Landhausstils. 30 Zimmer, verteilt auf vier viktorianische Reihenhäuser. Ausgezeichnet für seinen guten Service.
• 17 Egerton Terrace, SW3
  Knightsbridge | Tel. 020-7589 2412
  www.redcarnationhotels.com
  Ⓤ South Kensington

Malmaison €€ [J2]
Idyllische, ruhige Lage nahe den Bars und Restaurants des Smithfield Central Market. 97 Zimmer, Brasserie und Bar. Sehr gut geführt.
• 18–21 Charterhouse Square, EC1

Smithfield
Tel. 0844-693 0656
www.malmaison-london.com
Ⓤ Farringdon oder Barbican

Number 16 €€ [C/D5]
Sympathisches kleines Hotel mit 42 Zimmern und schönem Garten. Frischer modern-britischer Stil.
• 16 Sumner Place, SW7
  South Kensington
  Tel. 020-7589 5232
  www.firmdalehotels.com
  Ⓤ South Kensington

Preiswerte Perlen
B&B Belgravia €€ [E5]
Ein wirkliches Juwel, sehr schöne Bäder. Freier Internetzugang in der Lobby, Spielzeug für die Kinder, Haustiere erlaubt. Kein Lift.
• 64–66 Ebury St., SW1 | Belgravia
  Tel. 020-7259 8570
  www.bb-belgravia.com
  Ⓤ Victoria

Gute Low-Budget-Hotels

....

- **Tune Hotel** [H4]
  Außen wenig ansprechend, innen
  hell und freundlich. Die preiswer-
  testen Zimmer (ab £ 45, wenn
  man sechs Monate im Voraus
  bucht) haben keine Fenster. Direkt
  beim London Eye, 10 m von der
  U-Bahn. Der beste Deal der Stadt.
  118-120 Westminster Bridge Rd.
  SE1 | South Bank
  Tel. 020-7633 9317
  www.tunehotels.com
  Ⓤ Earl's Court
- **Hoxton Hotel** [K1]
  Industrie-Chic nahe Barbican.
  205 Zimmer, für ein Budget-Hotel
  relativ luxuriös. Preise zwischen
  £ 69 und £ 269, aber auch hier
  gilt das Prinzip »Je früher, desto
  billiger«. Deshalb mindestens
  drei Monate im Voraus buchen.
  81 Great Eastern St., EC1
  Shoreditch | Tel. 020-7550 1000
  www.hoxtonhotels.com
  Ⓤ Old Street
- **Clink Hostel** [H1]
  Perfekt für den Eurostar, perfekt
  für Rucksacktouristen. Das Hostel
  in einem 200 Jahre alten Gebäude bietet moderne Annehmlichkeiten wie Hightech-Betten und
  Internetcafé. Mehrbettzimmer ab
  £ 13 pro Person, Einzelzimmer
  (die meisten mit Bad) ab £ 40.
  78 King's Cross Rd., WC1
  King's Cross | Tel. 020-3475 3000
  www.clinkhostel.com
  Ⓤ King's Cross

Hotel 55 €–€€
Bisschen weit weg vom Schuss, aber mit
der U-Bahn (zwei Gehminuten entfernt)
nur eine halbe Stunde vom Zentrum
entfernt. 25 stilvoll eingerichtete Zimmer, Garten, japanisches Restaurant.
Ab £ 80.
- 55 Hanger Lane, W5 | Ealing
  Tel. 020-8991 4450
  www.hotel55-london.com
  Ⓤ North Ealing

Aster House € [C/D5]
Stadthaus von 1850; üppiges Frühstück
im Wintergarten, sehr freundliche Atmo-
sphäre. Mehrmals als bestes Londoner
B&B ausgezeichnet. Kein Lift.
- 3 Sumner Place, SW7
  South Kensington
  Tel. 020-7581 5888
  www.asterhouse.com
  Ⓤ South Kensington

Fielding Hotel € [G3]
Direkt bei Covent Garden und den Theatern, trotzdem ruhig; kein Luxus, kleine
Zimmer, aber geschmackvoll und mit
viel Charme. Kein Lift.
- 4 Broad Court, Covent Garden
  Bow St., WC2 | Tel. 020-7836 8305
  www.thefieldinghotel.co.uk
  Ⓤ Covent Garden

Harlingford Hotel € [G1]
Charmantes georgianisches Reihenhaus
unweit der Bahnhöfe Euston, King's
Cross und St. Pancras International.
Kleine, modern eingerichtete Zimmer.
Achtung: steile Treppen, kein Aufzug.
- 61 Cartwright Gardens, WC1
  Bloomsbury | Tel. 020-7387 1551
  www.harlingfordhotel.com
  Ⓤ King's Cross oder Euston

Mad Hatter Hotel € [J3/4]

Einst Hutfabrik, heute ein komfortables Hotel (30 Zimmer) an der Blackfriars Bridge. Günstig für Besuche der City sowie der Theater und Galerien an der South Bank. Englisch-plüschiges Dekor, gute Einrichtungen für Behinderte.

• 3–7 Stamford St., SE1 | Southwark
  Tel. 020-7401 9222
  www.fullershotels.com
  Ⓤ Southwark

Premier Inn € [K3/4]

Direkt an der Themse, neben dem historischen Anchor Pub, in dem die Hotelgäste auch frühstücken.

• 34 Park St., SE1 | Southwark
  Tel. 0871-527 8676
  www.premierinn.com
  Ⓤ London Bridge

Windermere Hotel € [F5]

Gepflegte viktorianische Fassade, komfortable Zimmer, Restaurant mit schlichter, preiswerter Küche – ein Hotel, das auf Details achtet.

• 142/144 Warwick Way, SW1

Gut schlafen im Hoxton Hotel

Pimlico
Tel. 020-7834 5163
www.windermere-hotel.co.uk
Ⓤ Victoria

Apartments

Onefinestestay und **Airbnb**

Für jedes Budget, in allen Stadtteilen: Viele Londoner, die für kürzere oder längere Zeit verreisen, bieten ihre Woh-

Hotels online günstiger

• www.LondonTown.com: Die London-Website bietet bis zu 75 % Rabatt mit ihrem Buchungssystem.
• www.wotif.com: Übersichtliche Website mit Hotelbeschreibungen (in Englisch) und bis zu 60 % Rabatt bis zu zwei Wochen im Voraus.
• www.lastminute.com: Deutsches Reiseportal mit Angeboten (Flüge, Hotels, Pauschalreisen) für den jeweils folgenden Monat. Ausführliche Unterkunftsbeschreibungen mit Bild.
• www.discountcityhotels.com: Englische Website mit großem Übernachtungsangebot. Last-Minute-Offerten für die unmittelbar bevorstehenden Tage räumen bis zu 65 % Rabatt ein.
• www.laterooms.com: Bis zu 50 % Rabatt für Unterkünfte in ganz England bei Buchungen bis zu drei Wochen im Voraus.

nung für Besucher an. Buchen ist einfach, versprechen die Webseiten, die das ganze Spektrum zeigen.

- www.onefinestay.com
  www.airbnb.co.uk

Bed & Breakfast
At Home in London
Maggie Dobson organisiert auch Tee und Essen mit englischen Familien, Theaterkarten usw.

- www.athomeinlondon.co.uk

Uptown Reservations
Vermittelt B&Bs mit Bad in Londons attraktiven, zentralen Wohnvierteln.

- 8 Kelso Pl., W8 | Tel. 020-7937 2001
  www.uptownres.co.uk

Youth Hostels, Studentenheime
Zentrales Buchungsbüro
für alle sieben Jugendherbergen:

- Tel. 0800-019 1700 (für JH Holland Park: Tel. 0845-371 9122)
  www.yha.org.uk

University of London
Diverse Studentenwohnheime bieten in den Trimester- und Sommerferien günstige Zimmer und Apartments an.

- www.londonuniversityrooms.co.uk

Essen & Trinken

*Echte britische Küche ist entweder gut und teuer (wie bei **Rules** › S. 42 oder **Green's** › S. 84) oder zünftig und preiswert à la bangers & mash (Würstchen mit Kartoffelpüree) und in unzähligen kleinen Caffs (Cafés) zu finden.*

In den vielen Bistros und Pubs bekommt man neben guten Sandwiches auch modern-europäische Gerichte. Populär sind **Brasserien** nach französischem Beispiel, die den ganzen Tag – ob zum Frühstück, Nachmittagstee oder Abendessen – geöffnet sind. Und weiterhin im Trend liegen **Gastropubs,** die klassisches Pub-Ambiente mit »entstaubter« britischer Küche kombinieren.

Ferner servieren alle Spitzenrestaurants preiswerte Lunch-Menüs. Überall in der Stadt gibt es Stehimbisse, bei denen man sich an der Theke den Sandwichbelag aus 20 bis 30 Zutaten aussucht. Die Stadt erfüllt alle kulinarischen Wünsche. Indische Küche ist unter den Ethno-Küchen am häufigsten vertreten; ob chinesisch, äthiopisch, vietnamesisch, afrikanisch oder amerikanisch – es ist alles vorhanden. Der Tipp für Gastro-Enthusiasten: Die Internetportale www.squaremeal.co.uk und www.toptable.com sowie der **Time Out Eating and Drinking Guide** informieren ausführlich über kulinarische Trends. Wichtig: in guten Restaurants stets reservieren.

Eine interessante Entwicklung: Neue Romanzen beginnen auch in London immer häufiger vor der Restauranttür, wo Raucher Gemeinsamkeiten entdecken.

Sehen und gesehen werden

The Chiltern Firehouse €€€ [E2]
Einfach akzeptieren, dass man einen
Tisch lange im Voraus reservieren muss.
Denn dieses Restaurant in einem ehemaligen Feuerwehrhaus ist *buzzing.* Der
portugiesische Spitzenkoch Nuno Men-
des ist kreativ und spielt gern mit asiati-
schen Einflüssen.

• 1 Chiltern St., W1 | Tel. 020-7073 7676
  www.chilternfirehouse.com
  Ⓤ Bond Street oder Baker Street
  Tgl. geöffnet

Stilvoll: Bellamy's

Dabbous €€€ [F2]
Oliver Dabbous, ein weiterer »kulinari-
scher Messias« Londons, zaubert leichte
modern-europäische Gerichte wie etwa
gerösteten Heilbutt mit küstennahen
Kräutern. Ein Favorit der jungen kreati-
ven Szene.

• 39 Whitfield St., W1
  Tel. 020-7323 1544
  www.dabbous.co.uk
  Ⓤ Goodge Street
  So, Mo geschl.

Scott's €€€ [E3]
Das Fischrestaurant steht bei der modischen Szene hoch im Kurs. Ob Fischrisot-
to oder urbritische Fish & Chips – alles
ist hier gut. Professioneller Service: Wo
findet man schon einen Portier, der einer
Dame, die zum Rauchen vor die Tür
geht, einen Pashmina reicht?

• 20 Mount St., W1 | Tel. 020-7495 7309
  www.scotts-restaurant.com
  Ⓤ Green Park
  Tgl. geöffnet

Bellamy's €€ [F3]
Diskrete Eleganz wie in einem Gentle-
men's Club, ausgezeichnet als Londons
»most civilised restaurant«. Französische Küche, gute Weine. Bestseller sind
Lamm mit Pommes Boulangères und der
Schokokuchen. **50 Dinge** ⑬ › S. 13.

• 18/18A Bruton Place, W1
  Tel. 020-7491 2727
  www.bellamysrestaurant.co.uk
  Ⓤ Piccadilly oder Bond Street
  So geschl.

Dinner by Heston Blumenthal €€ [E4]
Hohe Kochkunst von Sternekoch Heston
Blumenthal: Ob »gepuderte« Ente mit
geräuchertem Fenchel oder »Tipsy
Cake« (geröstete Ananas am Spieß) –
alles ist inspiriert von historischen britischen Rezepten.

• Mandarin Oriental Hyde Park
  66 Knightsbridge
  Tel. 020-201 3833
  www.dinnerbyheston.com
  Ⓤ Knightsbridge
  Mo geschl.

Britische Küche
J Sheekey €€ [G3]
Eines der besten Fischrestaurants der
Stadt, sehr zentral gelegen. Ideal nach
einem Kino- oder Theaterbesuch.

Das Rules ist ein Klassiker der britischen Gastronomie

- 28–35 St. Martin's Court, WC2
  Tel. 020-7240 2565
  www.j-sheekey.co.uk
  Ⓤ Leicester Square
  Tgl. geöffnet

The Quality Chop House €€ [H2]
Kleines, intimes Restaurant mit Weinbar nahe dem Trend-Viertel Exmouth Market in Clerkenwell. Modern-britische Gerichte, mit viel Liebe und Sorgfalt zubereitet.
- 92–94 Farringdon Road, EC1
  Tel. 020-7278 1452
  www.thequalitychophouse.com
  Ⓤ Farringdon | Sa, So geschl.

Rules €€ [G3]
Großes viktorianisches Traditionslokal im Theaterdistrikt. Serviert seit 1798 klassische britische Spezialitäten wie Roast Beef und Wild je nach Saison.
- 35 Maiden Lane, WC2
  Tel. 020-7836 5314
  www.rules.co.uk
  Ⓤ Charing Cross
  Tgl. geöffnet

St. John €€ [J2]
Ein Mekka für Fleischfreunde; zu den Spezialitäten von Chef Fergus Henderson gehören Innereien wie scharfe Nierchen und zarte Lammzunge.
- 26 St. John St., EC1
  Tel. 020-7251 0848
  www.stjohnrestaurant.co.uk
  Ⓤ Farringdon
  Tgl. geöffnet

Brunswick House Café € [G6]
Solide englische Küche (etwa Wild- und Bacon-Pastete, Quittentorte mit Mandeln) in einem Kuriositätenladen voller Antiqutitäten. Unweit der Tate Britain.
- 30 Wandsworth Rd., SW8
  Tel. 020-7720 2926
  www.brunswickhouse.co.uk
  Ⓤ Vauxhall | Tgl. geöffnet

Seafresh Fish Restaurant € [F5]
Hier bekommt man Fish & Chips von guter Qualität, daher viele Stammkunden. Ganz hervorragend für den schnellen Imbiss unweit der Victoria Station.

• 80–81 Wilton Rd., SW1
Tel. 020-7828 0747
So geschl.

Ethnische Küche

Hutong €€€ [K4]

Exorbitant teuer, dafür hat man im
33. Stock des Shard ein atemberauben-
des London-Panorama und bekommt
Spezialitäten aus dem Norden und Süd-
westen Chinas serviert, etwa gegrillte
mongolische Lammrippen.

• The Shard, Level 33, 21 St. Thomas St.,
SE1 | Tel. 020-3011 1257
www.hutong.co.uk
Ⓤ London Bridge
Tgl. geöffnet

Polpetto €€€ [F3]

La dolce vita in Soho: Ob Kalbsbäckchen
in Weißwein, gebratener Pecorino mit
Honig oder Blutorangensorbet – hier
gibt's italienische Spezialitäten bester
Qualität in sympathischer Atmosphäre.

• 11 Berwick St., W1
Tel. 020-7439 8627
www.polpetto.co.uk
Ⓤ Piccadilly Circus
Tgl. geöffnet

Amaya €€–€€€ [E4]

Wunderbare Birianis (Reisgerichte) und
im Tandoor-Ofen gebackenes Lamm
zeichnen dieses indische Restaurant aus.
Auch sehr gute Cocktails.

• Halkin Arcade, Motcomb St., SW1
Tel. 020-7823 1166
www.realindianfood.com
Ⓤ Knightsbridge | Tgl. geöffnet

Nobu Berkeley Street €€–€€€ [F3]

Perfekte japanische Küche in Mayfair.
Die Bar im Parterre ist beliebt für Sushi

und Cocktails. Im Restaurant darüber
sollten Sie unbedingt die Bento Box
(eine Auswahl der populärsten Gerichte)
probieren.

• 15 Berkeley St., W1
Tel. 020-7290 9222
www.noburestaurants.com
Ⓤ Green Park
Tgl. geöffnet

Tamarind €€–€€€ [E/F4]

Exzellente nord- und südindische
Küche; eine große Auswahl an regio-
nalen Gerichten. Ideal für Vegetarier.

• 20–22 Queen St., W1
Tel. 020-629 3561
www.tamarindrestaurant.com
Ⓤ Green Park
Tgl. geöffnet

Mandalay €€ [C2]

Unprätentiöses, immer verlässliches
Restaurant mit authentischer birma-
nischer Küche. Fisch Curry oder Lamm
mit Tamarind Sauce sind sehr populär,
also rechtzeitig buchen.

• 444 Edgware Rd., W2
Tel. 020-7258 3696
www.mandalayway.com
Ⓤ Edgware Road
So geschl.

Mon Plaisir €€ [G3]

Gauloise-Werbung und Pariser Metro-
pläne an der Wand – dies ist Londons
ältestes französisches Restaurant. Intim
und klein. Bistro-Gerichte wie Coq au
Vin oder Steak Frites. Ein Klassiker.

• 19–21 Monmouth St., WC2
Tel. 020-7836 7243
www.monplaisir.co.uk
Ⓤ Covent Garden
So geschl.

Moro €€ [H1]

Mehrfach ausgezeichnetes Restaurant mit spanisch-nordafrikanischer Küche in Clerkenwell. Tapas, Rote-Bete- und Mandel-Suppe, Joghurt-Kuchen mit Pistazien und Granatapfel: Das Kochbuch dazu wird im Restaurant verkauft. Bei gutem Wetter Tische im Freien.

- 34-36 Exmouth Market, EC1
  Tel. 020-7833 8336
  www.moro.co.uk
  Ⓤ Farringdon
  So geschl.

EV Restaurant €–€€ [J4]

Türkisches Restaurant mit angegliedertem Laden und wunderschön bepflanzter Terrasse. Viel Lamm und Fisch, aber auch eine große Auswahl an vegetarischen Gerichten. Sympathisch und an einem warmen Sommerabend sehr at-

Nachmittagstee

Alle Grandhotels servieren ihn mit großem Ritual und meist nicht unter £ 40. Im **Ritz** › S. 36 oder **Claridge's** › S. 35 ist der »Afternoon Tea« sogar derart populär, dass man wochenlang im Voraus reservieren muss. Kaufhausrestaurants bieten ebenfalls »Tea and Crumpets« (Hefegebäck) an, bei Harrods sind die pastellfarbenen Makronen von Laduree beliebte Köstlichkeiten zum Tee. Gute Museumscafés findet man in der **Royal Academy** › S. 82 sowie im **Victoria & Albert Museum** › S. 111. Leckeres Gebäck verführt in den Geschäften der **Patisserie Valerie,** beispielsweise in Belgravia (17 Motcomb St., W1) [E4].

mosphärisch. Unweit der Tate Modern und der Theater The Young Vic und Old Vic gelegen.

- The Arches, 97–99 Isabella St., SE1
  Tel. 020-7620 6191
  www.tasrestaurants.co.uk
  Ⓤ Southwark
  Tgl. geöffnet

Maroush Gardens €–€€ [D3]

Libanesisches Restaurant nahe Marble Arch. 44 Mezze-Gerichte (darunter Hummus und gefüllte Weinblätter), Kebabs vom Lamm oder Huhn, serviert mit Salat und libanesischem Brot.

- 1 Connaught St., W2
  Tel. 020-7262 0222
  www.maroush.com
  Ⓤ Marble Arch |Tgl. geöffnet

Daquise € [D5]

Seit über 50 Jahren eine Institution polnischer Küche in South Kensington. Die vielen Stammkunden kommen nicht nur wegen Barszcz (eine Version von Borschtsch) und der riesigen Schnitzel. Die Räumlichkeiten, so ganz ohne Design, repräsentieren eine beruhigende Konstante in einer unsteten Welt.

- 20 Thurloe St., SW7
  Tel. 020-7589 6117
  www.gessleratdaquise.co.uk
  Ⓤ South Kensington
  Tgl. geöffnet

Mandarin Kitchen € [B3]

Völlig uncool, aber sehr geschätzt. Der Grund: sensationeller Hummer mit Ingwer und Nudeln.

- 14–16 Queensway, W2
  Tel. 020-7727 9012
  Ⓤ Queensway
  Tgl. geöffnet

Roka € [F2]

Rundum verglastes japanisches Restaurant. Unbedingt probieren: Risotto mit Bambussprossen und Riesengarnelen.

• 37 Charlotte St., W1
  Tel. 020-7580 6464
  www.rokarestaurant.com
  Ⓤ Goodge Street
  Tgl. geöffnet

Weinbars, Bars und Cafés

Aqua The Shard €€ [K4]

Ein eigener Aufzug saust in die 32. Etage. Oben angekommen, hat man die Wahl: Entweder Dinner in den Wolken (britische Küche) oder einen Cocktail in der großen Atrium-Bar. Das London-Panorama ist umwerfend. Abends ist es hier brechend voll, doch mittags ist weniger los, und der Blick ist ebenso schön. Aufs Äußere wird geachtet: Keine Shorts, Flip-Flops oder Sportkleidung.

• 31 St. Thomas St., SE1
  Tel. 020-3011 1256
  www.aquashard.com
  Ⓤ London Bridge
  Tgl. geöffnet

Cellar Gascon €€ [J2]

Die Weinbar, spezialisiert auf Weine aus Südwestfrankreich, gehört zum renommierten Restaurant Club Gascon nebenan. Von den bequemen Bänken hat man einen guten Blick auf das Treiben rund um den Smithfield Central Market.

• 59 West Smithfield Rd., EC1
  Tel. 020-7600 7561
  www.clubgascon.com
  Ⓤ Farringdon | So geschl.

Gordon's Wine Bar €–€€ [G3]

Schon Samuel Pepys stieg einst in das schummrige Kellergewölbe unweit von Trafalgar Square hinab. Kerzen flackern, die Wände verschwinden unter Postern und vergilbten Zeitungsartikeln. Die Auswahl an Weinen aus aller Welt ist riesig, die Küche eher schlicht (Salate, kaltes Fleisch), wenngleich ein großes Sortiment an Käse überrascht. Auf jeden Fall: Dies ist ein Juwel.

• 47 Villiers St., WC2
  Tel. 020-7930 1408
  www.gordonswinebar.co.uk
  Ⓤ Charing Cross | Tgl. geöffnet

Auch Brown's Hotel in der Albemarle Street, Mayfair, ist für seinen Afternoon Tea bekannt

The Best of Fast Food

....

- **Byron** € [H3]
  Sehr gute Burgerkette mit 29 Fili-
  alen in der Stadt. Tgl. geöffnet.
  33–35 Wellington St., WC2
  Tel. 020-7420 9850
  www.byronburgers.com
- **Carluccio's Caffè** › rechts
- **Leon** € [F3]
  Der Trend zum gesunden Essen
  hat auch das Fast Food erreicht.
  Hier locken Joghurt und Frucht-
  säfte, Avocado- und Bacon-Salat
  oder marokkanischer Couscous.
  15 Filialen, tgl. geöffnet.
  35–36 Great Marlborough St., W1
  Tel. 020-7437 5280
  www.leonrestaurants.co.uk
- **Masala Zone** € [F3]
  Gute indische Küche nach dem
  Konzept japanischer Nudelbars.
  Mehrere Filialen, tgl. geöffnet.
  9 Marshall St., W1
  Tel. 020-7287 9966
  www.masalazone.com
- **Pizza Metro** € [B3/4]
  Wenn schon Pizza, dann so
  authentisch und deliziös wie hier.
  Zwei Filialen, tgl. geöffnet.
  147–149 Notting Hill Gate, W11
  Tel. 020-7727 8877
  www.pizzametro.com
- **Seafresh Fish Restaurant** › S. 42
- **Wagamama** € [K3/4]
  Die Mutter aller Nudelbars japa-
  nischen Stils. Schneller Service,
  sehr viele Filialen, tgl. geöffnet.
  1 Clink St., SE1 Tel. 020-7403 3659
  www.wagamama.com

Vinoteca Wine Bar & Shop €–€€ [J2]
Direkt beim Smithfield-Fleischgroßmarkt
entdeckt man die populärste Weinbar
weit und breit: ein kleiner Raum mit ein
paar Tischen, einer langgestreckten Bar
und einer winzigen Ladenecke. Von den
über 200 Weinen werden wöchentlich
wechselnd jeweils etwa 25 auch offen
ausgeschenkt (ab £ 3,25). Unprätentiö-
se, herzhafte Gerichte wie Lammbraten
mit Chicoree und grünen Bohnen.

- 7 St. John St., EC1
  Tel. 020-7253 8786
  www.vinoteca.co.uk
  Ⓤ Farringdon
  So geschl.

Carluccio's Caffè € [E3]
Viva Italia: Sehr populäre Cafékette mit
vielen Filialen. Auch empfehlenswert für
herzhafte Sandwiches und Pasta.

- St. Christopher's Place, W1
  Tel. 020-7935 5927
  www.carluccios.com
  Ⓤ Bond Street | Tgl. geöffnet

Vats Winebar € [H2]
Seit 30 Jahren ein Familienunterneh-
men, holzgetäfelte Wände, grün gepols-
terte Eckbänke, im Winter ein wohliges
Kaminfeuer – kein Wunder, dass diese
kleine Weinbar zwischen dem British
Museum und dem Anwaltsviertel nahe
der Fleet Street sowohl von Advokaten
als auch von Kunstliebhabern geschätzt
wird. Im Angebot sind Gewächse aus
Europa und der Neuen Welt, aber der
Hauptakzent liegt auf den 50 französischen Weinen. Dazu herzhafte Küche.

- 51 Lamb's Conduit St., WC1N
  Tel. 020-7242 8963
  Ⓤ Russell Square
  Sa, So geschl.

Pubs und Gastropubs

Von den vielen Pubs haben diejenigen mit langer Geschichte den größten Charme. Gemeinsam ist allen: Jeder geht hin, ob Straßenkehrer, Botschafter oder Banker. (Allgemeine Öffnungszeiten von Pubs › S. 177).

Mr. Fogg's €€ [F3]

I say old chap … Phileas Fogg ist Jules Vernes Romanfigur von 1873, der englische Gentleman schlechthin. Hier wurde seine fiktive Wohnung nachempfunden. Gute Cocktails. Buchen erforderlich.

- 15 Bruton Lane, W1
  Tel. 020-7036 0608
  www.mr-foggs.com
  Ⓤ Green Park | So geschl.

The Anchor & Hope € [J4]

Der Star unter den Gastropubs. Simples Interieur, leichte britische Marktküche, z. B. gebratene Scholle mit Lauchgemüse. Keine Tischreservierung.

- 36 The Cut, SE1
  Tel. 020-7928 9898
  Ⓤ Southwark
  So geschl., Mo nur Dinner.

The Audley € [E3]

Mayfair ist derzeit in, ob als Location für Pop-Videos oder zum Feierabendtreff in diesem typisch viktorianischen Pub.

- 41–43 Mount St., W1
  Tel. 020-7499 1843
  Ⓤ Green Park
  Tgl. geöffnet

Cat & Mutton €

Historischer East End Pub im trendigen Hackney und immer proppenvoll. Küche: die ganze Palette – von britischem Spargel zu karibischem Hühnchen.

- 76 Broadway Market, E8
  Tel. 020-7249 6555
  www.catandmutton.com
  Bahnstation London Fields
  Tgl. geöffnet

The Grenadier € [E4]

Einst Stammlokal des Duke of Wellington; angeblich geht einer seiner Offiziere immer noch als Geist um. Real Ale, Bloody Marys und »Beef Wellington« – was will man mehr von einem Pub?
50 Dinge ⑳ › S. 14

- 18 Wilton Row, SW1
  Tel. 020-7235 3074
  Ⓤ Hyde Park Corner
  So geschl.

The George Inn € [K4]

Im Sommer stehen Tische und Bänke im schönen Innenhof der letzten von einst Dutzenden von Kutscherherbergen in London. Mit Restaurant. › S. 144

- 77 Borough High St., SE1
  Tel. 020-7407 2056 | Ⓤ London Bridge
  Tgl. geöffnet

The Only Running Footman € [F3]

Hübscher Traditionspub mitten im feinsten Mayfair und deshalb etwas edler als viele andere Kneipen.

- 5 Charles St. W1
  Tel. 020-7499 2988
  Ⓤ Green Park
  Tgl. geöffnet

Prospect of Whitby € [b1]

Etwa seit 1520 betrieben, angeblich der älteste Themse-Pub. Restaurant im ersten Stock mit wunderbarer Aussicht.

- 57 Wapping Wall E1
  Tel. 020-3582 4875 | Ⓤ Wapping
  Tgl. geöffnet

Crème Brûlée im Gotteshaus

Seit Jesus Wasser in Wein verwandelte, ist bekannt, dass er eine gute Party zu schätzen wusste. In London ist eine Reihe von Kirchen in seine Fußstapfen getreten und in die Gastronomie eingestiegen.

Manchmal wird das Gebäude nicht mehr für den ursprünglichen Zweck genutzt wie im Fall von **St. John's** › S. 80: Die barocke Kirche ist nun Konzerthalle für klassische Musik, das **Smith Square Restaurant** in der ehemaligen Krypta bietet nicht nur für Konzertbesucher eine gute Küche, sondern auch für die Angestellten der umliegenden Büros und Besucher der nahen Tate Britain.

- **Smith Square Café & Restaurant** [G5]
  Lunch Mo–Fr 8–17 Uhr. Wenn Konzerte stattfinden, bis nach deren Ende geöffnet. Sa, So, Fei 1,5 Std. vor Konzertbeginn geöffnet. Hauptgerichte ab £ 12,95.
  St. John's House, Smith Sqare, SW1
  Tel. 020-7222 2779
  Ⓤ Westminster

Wirklich stimmungsvoll und dazu noch völlig allürenfrei ist das **Café in the Crypt** der Kirche **St. Martin-in-the-Fields** › S. 75. Die Gemeinde kümmert sich heute um Obdachlose, organisiert kostenlose Lunchtime-Konzerte und veranstaltet abends Barockkonzerte. Das recht große Café in der Krypta ist überraschend still und entspannend. Warmes Essen wie überbackene Pasta oder geräucherter Fisch mit Salat, preiswerte Sandwiches und köstliche Schokomuffins wählt man an der Theke aus und sucht sich dann selbst einen freien Tisch.

- **Café in the Crypt** [G3]
  Mo, Di 8–20, Mi 8–22.30, Do–Sa
  8–21, So 11–18 Uhr.
  Hauptgerichte £ 9,95–11,25.
  Bei gutem Wetter auch al fresco.
  Duncannon St./Innenhof, WC2
  Tel. 020-7766 1158
  Ⓤ Charing Cross

Ebenso gut ist die modern-britische
Küche des **Café Below** in der Kirche
St. Mary-le-Bow › S. 135. Inzwischen
ist die normannische Krypta bei
den Angestellten naher Büros bestens bekannt: für Bircher Müsli zum
Frühstück, Apfelkuchen zum Tee
oder Steak zum Abendessen.

- **Café Below** [K3]
  Mo–Fr 7.30–10.30, 11.30–14.30 Uhr.
  Hauptgerichte £ 8,75–10,50
  St. Mary-le-Bow, Cheapside, EC2
  Tel. 020-7329 0789
  Ⓤ Bank oder St. Paul's

Ob man im Restaurant der **St. Paul's
Cathedral** › S. 124, **The Refectory**,
Lachsfilet mit Kapern-Mayonnaise
speist oder sich an der Selbstbedie-
nungstheke des **Krypta-Cafés** für
die *Soup of the Day* oder Kaffee und
Kuchen entscheidet – man sitzt
wunderbar in dem stimmungsvollen Gewölbe zwischen Marmorstatuen prominenter Briten.

- **Refectory Restaurant** [J3]
  Café Mo–Sa 9–17, So 12–16 Uhr. Res-
  taurant tgl. 12–15 Uhr. Zwei-Gänge-
  Menü £ 21,50, drei Gänge £ 25,95.
  St. Paul's Cathedral
  Churchyard, EC4
  Tel. 020-7248 2469
  www.restaurantatstpauls.co.uk
  Ⓤ St. Paul's

Die wunderbare, versteckt liegende
Kirche **St. Bartholomew The Great**
› S. 131, 1123 als Teil eines Augusti-
nerklosters gebaut, ist allein schon
einen Besuch wert. Im **Cloister Café**
gibt es zudem Sandwiches, haus-
gemachte Gemüsesuppen, warme
Gerichte und nicht zuletzt von
Mönchen gebrautes Bier.

- **Cloister Café** [J2]
  Mo–Fr 8.30–17.30, So 9.30 bis
  18.30 Uhr. Hauptgerichte ab £ 7,50.
  St. Bartholomew The Great,
  West Smithfield, EC1
  Ⓤ Farringdon oder Barbican

Am Südufer der Themse haben
unzählige Cafés eröffnet. Eine empfehlenswerte (und ruhigere) Alternative zu den trendigen Adressen
des Viertels ist das Restaurant der
Southwark Cathedral.

- **The Refectory** [K4]
  Mo–Fr 9–18, So 10–18 Uhr;
  Hauptgerichte ab £ 7,95.
  Southwark Cathedral, Montague
  Close, SE1 | Tel. 020-7407 5740
  Ⓤ London Bridge

The Refectory, Southwark

Shopping

In London nicht dem Kaufrausch zu verfallen, ist schwierig. Die internationalen Couturiers findet man in Knightsbridge, Brompton Cross (Kreuzung Fulham Rd./Brompton Rd.), der Bond Street und der Sloane Street.

Britische Modeschöpfer residieren am Beauchamp Place, preiswerte Ladenketten in der Oxford Street. Die Avantgarde findet man rechts und links der Brick Lane im East End, maßgearbeitete Tradition für Herren in der Savile Row (Anzüge) und der Jermyn Street (Hemden). Radikal reduziert wird bei den Schlussverkäufen (*sales*) im Januar/Februar und Juni/Juli.

Kaufhäuser

Fortnum & Mason [F3]
Nach umfassender Renovierung gibt es Tee und Kaffee weiterhin im Erdgeschoss, die erlesenen Delikatessen **50 Dinge** (32) › S. 16 eine Etage tiefer. › S. 81
- 181 Piccadilly, W1
  Ⓤ Piccadilly Circus, Green Park
  www.fortnumandmason.com

Harrods [D4]
Keine Kirche hat einen so rigiden Dresscode wie Harrods: Hier muss man »schicklich« gekleidet sein. › S. 109
- 87–135 Brompton Rd., SW1
  Ⓤ Knightsbridge

Harvey Nichols [D/E4]
Designerkleidung auf drei Etagen, Feinkostabteilung und Restaurant im 5. Stock. › S. 109
- 109–125 Knightsbridge, SW1
  Ⓤ Knightsbridge

Liberty [F3]
Das Beste im Haus mit der pseudo-mittelalterlichen Fassade sind die Abteilungen für Stoffe und Teppiche. › S. 101
- 210–220 Regent St., W1
  Ⓤ Oxford Circus

Marks & Spencer [E3]
C & A auf britisch. Gute Freizeitkleidung in der Herrenabteilung, populäre Lebensmittelabteilung.
- 458 Oxford St., W1
  Ⓤ Bond Street

Peter Jones [E5]
Hier kauft die neue Herzogin von Cambridge ihr Make-up, ihre Mutter findet man eher bei den Deko-Stoffen › S. 114. Das Café im obersten Stock bietet einen schönem Blick über Chelsea. **50 Dinge** (21) › S. 14
- Sloane Square
  Ⓤ Sloane Square

Selfridges [E3]
1909 gegründetes Kaufhaus in Toplage; Auswahl und Service sind riesig. Exzellente Parfümerie, fantastische Feinkostabteilung sowie etliche Cafés, Bars und Restaurants. **50 Dinge** (37) › S. 16.
- 400 Oxford St., W1
  Ⓤ Bond Street
  Mo–Sa 9.30–21, So 11.30–18 Uhr.

Westfield Shopping Centre
Riesiges Shoppingcenter in Westlondon mit mehr als 265 Geschäften nationaler

Duftende Auswahl: Teeabteilung bei Fortnum & Mason

und internationaler Marken, vielfältige Gastronomie inklusive.
- Shepherd's Bush, W12 | Ⓤ Wood Lane

Die Spezialisten
Alfred Dunhill [E3]
Luxus für den Mann von Welt: Zigarren, Leder, Accessoires. Im Obergeschoss gibt es sogar einen klassischen Barbier.
- 2 Davies St., W1
  Ⓤ Green Park oder Piccadilly
  http://world.dunhill.com

Books for Cooks [A3]
Kultladen mit über 8000 Kochbüchern aus aller Welt. › S. 121
- 4 Blenheim Crescent, W11
  Ⓤ Ladbroke Grove
  www.booksforcooks.com

Dover Street Market [F3]
Der Indoor-Markt in einem sechs-stöckigen Gebäude in Mayfair ist Londons Trendbarometer. Im Vergleich mit den Kreationen hier wirkt die Mode der Designerboutiquen in der Bond Street fade.

- 17–18 Dover St., W1
  Ⓤ Green Park

James Smith & Sons [G2]
Wer nach einem Schirm oder Spazier-stock fürs Leben sucht, ist in diesem Traditionshaus goldrichtig.
- Hazelwood House
  53 New Oxford St., WC1
  Ⓤ Tottenham Court Road
  www.james-smith.co.uk

Joel & Sons [D2]
Einfach fantastischer Stoffladen. Erster Stopp der Modedesigner auf der Suche nach exquisiten Textilien.
- 73–85 Church St., NW8
  Ⓤ Edgware Road
  www.joelandsonfabrics.com

Les Senteurs [E5]
Sie suchen ein ausgefallenes Parfüm? Hier gibt es alles, auch seltene Marken. Man kann auch Proben bestellen.
- 71 Elizabeth St., SW1
  Ⓤ Sloane Square
  www.lessenteurs.com

Londoner Straßenmärkte

- **Bermondsay Square Antiques Market** [L5] Mischung aus Marktplatz und Lagerhäusern, ergiebig für Frühaufsteher. Bermondsey Square, SE1 Ⓤ London Bridge | Fr 6–14 Uhr
- **Brick Lane Market** Viel Ramsch, aber auch indische Popmusik und exotische Gewürze. › S. 149
- **Camden Market** Am besten am Wochenende, aber geöffnet tgl. 10–18 Uhr. Es gibt Trödel, szenige Mode, ethnische Restaurants, Body Piercing … eigentlich alles. Chalk Farm Rd., NW1 Ⓤ Camden Town oder Chalk Farm
- **Camden Passage** [J1] Malerische Gassen mit Antikläden und Trödelständen. So vormittags gibt es Biolebensmittel. Upper St., N1 | Ⓤ Angel Mi, Sa 9–18, Fr 10–18, So 11–18 Uhr
- **Columbia Road Market** [L1] Kräuter, Blumen, am Rand viele interessante kleine Läden. Columbia Road, E2 Ⓤ Bethnal Green | So 8–15 Uhr
- **Greenwich Antiques Market** Schöner Antiquitätenmarkt. Greenwich High Rd., SE10 Züge und DLR Greenwich Station Sa, So 10–17 Uhr.
- **Portobello Road Market** Bunte Mischung von praktisch allem – einfach schön, um Atmosphäre zu genießen. › S. 119

Milroys of Soho [G3]
Weinspezialist, der zudem ein Sortiment von über 600 Sorten Whisky unterschiedlicher Provenienz führt.
- 3 Greek St., W1
  Ⓤ Tottenham Court Road
  www.milroys.co.uk

Mount Street Printers [E3]
Klein und fein, wie alles in Mayfair. Erlesene Grußkarten, Notizbücher etc.
- 4 Mount St., W1
  Ⓤ Green Park
  www.mountstreetprinters.com

Opera Opera [G3]
Gute Adresse, wenn man nach »Vintage«-Sonnenbrillen oder originellen Brillengestellen sucht.
- 98 Long Acre, WC2E
  Ⓤ Covent Garden
  www.operaopera.net

Ray's Jazz at Foyles Bookshop [G3]
Fabelhafte Musikabteilung in einem Mega-Bookshop.
- 107 Charing Cross Rd., WC2
  Ⓤ Leicester Square, Ausgang 4

Charity Shops

Diese Läden verkaufen Spenden für wohltätige Zwecke. V. a. im Mai und September werden viele Kleider aussortiert. Immer auf fehlende Knöpfe, Löcher und andere Fehler achten.

British Red Cross Shop [D6]
Mitten in Chelsea. Mit etwas Glück kann man Chanel-Handtaschen oder Hemden von Yves Saint Laurent finden.
- 69–71 Old Church St., SW3
  Tel. 020-7376 7300
  Ⓤ Sloane Sqare

Cancer Research UK [E2]

Kaschmirschals und Designermode, immer in sehr gutem Zustand.

• 24 Marylebone High St., W1
Tel. 020-7487 4986

Crusaid [F5]

Eine gute Adresse in Pimlico. Außer Secondhand-Designermode auch Bücher und Musik.

• 19 Churton St., SW1
Tel. 020-7233 8736

Octavia Foundation [B4]

Auch hierher bringen lokale Prominente wie Keira Knightley ihre Designeroutfits, in denen sie bereits fotografiert wurden.

• 57 Kensington Church St., W8
Tel. 020-7937 5274
Ⓤ Kensington High Street
www.octaviafoundation.org.uk

Oxfam [A3]

Die Boutique der Wohltätigkeitsorganisation. Mit etwas Glück: ein Designerkleid für unter £ 50.

• 245 Westbourne Grove, W11
Tel. 020-7229 5000
Ⓤ Notting Hill
www.oxfam.org.uk

Auktionshäuser

In den großen Auktionshäusern finden fast täglich Besichtigungen und Versteigerungen statt. **50 Dinge** ② › S. 12.

Bonham's [F3]

• 101 New Bond St., W1
Ⓤ Bond Street

Christie's [F4]

• 8 King St., SW1
Ⓤ Green Park

Phillips [F5]

• Howick Place, SW1 | Ⓤ Victoria

Sotheby's [F3]

• 34–35 New Bond St., W1
Ⓤ Bond Street

Zu zivileren Preisen handelt man in der Filiale von **Christie's** [C5] in der Old Brompton Road (Nr. 85, Ⓤ South Kensington) und bei **Lots Road Auctions** (71–73 Lots Rd., SW10, Ⓤ Imperial Wharf).

SEITENBLICK

Museumsläden

• **National Gallery:** Kunstbücher, Postkarten, Schreibwaren. › S. 75
• **Tate Britain/Tate Modern:** Kunstbücher, Postkarten, Schreibwaren. › S. 79, 141
• **Royal Academy:** Malzubehör, T-Shirts. › S. 82
• **Transport Museum:** Modellfahrzeuge. › S. 94
• **British Museum:** ägyptische Vasen, römische Kelche, Nachdrucke ausgestellter Kunstwerke. › S. 96
• **Victoria & Albert Museum:** Designerschmuck, traditionelle Weihnachtskarten. › S. 111
• **Natural History Museum:** Dinosauriermodelle. › S. 112
• **Science Museum:** pädagogische Chemiebaukästen. › S. 112
• **Design Museum:** zeitgenössisches Produktdesign. › S. 145
• Das **Cartoon Museum** [G2] ist eine Fundgrube für Comic Strips (35 Little Russell St., WC1, Ⓤ Holborn).

Am Abend

Ob Dichterlesungen, Roots & World Music, Straßentheater oder Poloturnier – das Stadtmagazin **Time Out** informiert weiterhin ausführlich, aber nur noch online. Infospalten auch in Tages- und Sonntagszeitungen.

Eine angenehme Überraschung sind die recht günstigen Karten für klassische Konzerte, selbst bei Gastspielen internationaler Dirigenten und renommierter Solisten. Am billigsten für Theaterkarten ist die **tkts Half Price Ticket Booth** am Leicester Square › S. 27/74. Im **Royal National Theatre** wird eine Anzahl von Tickets um 10 Uhr morgens am Schalter verkauft. Preview-Tickets (bevor die Kritiker ihr Urteil gefällt haben) und Karten für Matineen sind leichter zu bekommen; allerdings muss man mit der zweiten Besetzung rechnen. Kartenbestellungen lassen sich auch über das Internet organisieren, durch Reisebüros oder Agenturen wie **Ticketmaster,** Tel. 0161-385 3211, oder **Tickets 365**, Tel. 020-7492 1532.

Vorsicht: Gehen Sie keinen Schwarzhändlern auf der Straße auf der Leim. Sicher ist, vor Ort das jeweilige BOX OFFICE anzurufen, mit Kreditkarte zu bezahlen und Tickets bis 30 Minuten vor Vorstellungsbeginn zu reservieren.

Kulturtempel

The Barbican [K2]
Stammhaus des London Symphony Orchestra. Theater und Konzerte.
• Barbican Centre | Silk St.
  Tel. 020-7638 4141
  www.barbican.org.uk
  Ⓤ Barbican

Coliseum [G3]
Aufführungen des English National und London Festival Ballet. Online kann man noch nicht vergebene Plätze für £ 20 kaufen. Platznummer wird drei Tage vor der Vorstellung mitgeteilt.
• St. Martin's Lane, WC2
  Tel. 020-7836 0111 | Ⓤ Leicester Sq.

National Theatre [H3/4]
Klassische und moderne Produktionen in drei Theatersälen › S. 140.

• South Bank | Tel. 020-7452 3000
  www.southbankcentre.co.uk
  Ⓤ Waterloo

Royal Festival Hall, Queen Elizabeth Hall, Purcell Room [H4]
Die drei wichtigsten Konzerthallen.
• South Bank, Belvedere Rd.
  Tel. 0844-875 0073
  www.southbankcentre.co.uk
  Ⓤ Waterloo

Royal Opera House [G3]
Tagsüber für Besichtigungen offen.
• Bow St. | Covent Garden, WC2
  Tel. 020-7240 1200
  www.roh.org.uk
  Ⓤ Covent Garden

Sadler's Wells Theatre [J1]
Experimentelle Tanzgruppen.

• Rosebery Avenue, EC1
Tel. 0844-412 4300
www.sadlerswells.com
Ⓤ Angel

St. John's [G5]
• Smith Square | Westminster
› S. 80

Shakespeare's Globe Theatre [J3]
Theater wie zu Shakespeares Zeiten in
rekonstruiertem Theaterhaus.
• New Globe Walk, SE1
Tel. 020-7902 1400
www.shakespearesglobe.com
Ⓤ Cannon Street od. Mansion House

Wigmore Hall [E3]
Kleiner historischer Saal, wunderbare
Kammerkonzerte in guter Akustik.
• 36 Wigmore St., W1
Tel. 020-7258 8200
www.wigmore-hall.org.uk
Ⓤ Bond Street

Theater

Im **West End** (zwischen Shaftesbury
Ave. und Strand) gibt es 44 kommerziel-
le Schauspielhäuser. Eine Reihe von
Lunchtime-Bühnen spielt u. a. selten
gezeigte Einakter bekannter Dramatiker.
Einige der sogenannten **Fringe-Theater**
(oft winzige Kellertheater oder Pub-Räu-
me) begeistern mit ihren experimentel-
len Produktionen.

Almeida Theatre
Stars spielen für Minigagen in diesem
Kult-Theater in Islington.
• Almeida St., N1
Tel. 020-7359 4404
www.almeida.co.uk
Ⓤ Highbury & Islington

Aufführung im Globe Theatre

Institute of Contemporary Arts [G4]
Avantgardefilme, Vorträge.
• The Mall, SW1
Tel. 020-7930 3647
www.ica.org.uk
Ⓤ Charing Cross

King's Head Islington
Wichtige Adresse für experimentelle
Theater- und Opernaufführungen.
Danach Livemusik im Pub.
• 115 Upper St., N1
Tel. 020-7226 4443
Ⓤ Highbury & Islington

Riverside Studios
Viele Gastspiele.
• Crisp Rd., W6 | Tel. 020-8237 1009
www.riversidestudios.co.uk
Ⓤ Hammersmith

Musicals

Die Theaterszene ist wohlversorgt mit
Dauerbrennern wie »Mamma Mia!«,
»Billy Elliot«, Andrew Lloyd Webbers
»Phantom of the Opera« und erfolgrei-
chen Neuproduktionen wie »A Chorus
Line«. Opulent in Szene gesetzt sind sie
alle, sodass der bisweilen karge Inhalt
nicht weiter auffällt. Karten › S. 54.

SPECIAL

London Nightlife

Eins vorweg: Im Allerlei der Londoner Szene gibt es etwas für jeden Geschmack. Von **Mainstream** (in einer gepflegten West-End-Bar bei einem Cocktail abhängen oder sich in einer der vielen neuen Rooftop Bars von Londons Skyline berauschen lassen) zu **Avantgarde** (sich in coolen Vororten bei elektronischer Musik austoben oder – auf der Jagd nach einem neuen Kick – in interaktives Theater eintauchen). Die East-End-Szene ist weiterhin riesig, aber neue Ausläufer gibt es im aufstrebenden Stadtteil Peckham im Südosten der Stadt. Eine weitere aktuelle Tendenz sind Clubs mit DJ-Nächten im Souterrain von Trend-Hotels.

Das Angebot ist enorm: Star-DJs, Live-Auftritte von progressiven Bands, jeder Musikstil wird geboten. Die meisten Clubs wechseln von Nacht zu Nacht Stil und Motto. Viele öffnen bereits ab 18 Uhr, andere erst nach Mitternacht.

Grundsätzlich sollte man dies wissen, sagen Insider: Die besten Events erfährt man nur über Facebook oder Mundpropaganda. Und Beziehungen schaden nicht. Damit dringt man z. B. in den »Secret Room« des Restaurants London Firehouse vor oder kann die Nacht in Londons heißestem Nachtclub durchtanzen (Loulous, nur für Mitglieder und deren Freunde).

Manche Vergnügen sind sogar gratis: Im East End ist es einen Versuch wert, jeden ersten Donnerstag im Monat ein paar der vielen Vernissagen zu besuchen, ein Glas Wein zu kapern und zu fragen, wo man unbedingt hinmuss.

Trendige Bars und Pubs

• **Callou Callay** [L1]
Szene-Bar mit vielgelobten Cocktails
und einer »geheimen« Schranktür, die
zu einer zweiten, stilleren Bar führt.
65 Rivington St., EC2
Tel. 020-7739 4781 | Ⓤ Old Street
Mo, Di, Mi, So 18–12, Fr, Sa 18–1 Uhr

• **Frank's Café**
Dass Peckham »hip« ist, hat viel mit
dieser Bar im 10. Stock eines Parkhau-
ses zu tun. Junge Szene, tolle Aussicht
auf London. Nur im Sommer geöffnet,
deshalb Webseite checken.
95A Rye Lane, SE15
www.frankscafe.org.uk
Ⓤ Peckham Rye

• **The Haggerston**
Szene-Pub. Sonntags Jazzsessions ab
23 Uhr.
438 Kingsland Road, E8
Tel. 020-7923 3206 | Ⓤ Haggerston
Mo–Do 12–1, Fr–So 12–3 Uhr

Clubs

• **Ace Hotel** [L1]
Live Musik, DJs jeden Abend
100 Shoreditch High St., E1
Tel.020-7613 9800
www.acehotel.com | Ⓤ Old Street
Tgl. ab 19 Uhr, Eintritt frei

• **Notting Hill Arts Club** [B3]
Immer gute Musik (u. a. Reggae, Hip
Hop, Dubstep). Jeden ersten Sonntag
im Monat »Communion«: Neuent-
deckungen werden vorgestellt. Hier
debütierten z. B. Mumford & Sons.
21 Notting Hill Gate, W11
Tel. 020-7460 4459
www.nottinghillartsclub.com
Ⓤ Notting Hill Gate
Di 12–14, 19–2, Mi–Do 19–2, Fr, Sa
19–12 Uhr, Eintritt £ 10.

• **Village Underground** [L2]
Musik (Indie, Electronic, Hip Hop),
Events, Theater.
54 Holywell Lane, EC2
www.villageunderground.co.uk
Ⓤ Old Street, Liverpool Street Station
Mo–Sa 9–18 Uhr, ab £ 14

Verschiedenes

• **Brixton Club Nights**
Brixton gehört zu den Brennpunkten,
wenn es um Musik geht. Ständig
wechselnde »Hotspots«. Die Webseite
www.brixtonbuzz.com informiert.

• **NTS Radio**
Online Radiostation, neue Sounds und
DJs, viel Info über Liveveranstaltungen
im Gillett Square (Hackney)
www.ntslive.co.uk | mixcloud.com
www.gillettsquare.org.uk

• **You Me Bum Bum Train**
Diese Theatergruppe inszeniert
unglaublich surreale, interaktive
Happenings, in denen ein einziger
Teilnehmer durch eine Serie von verschiedenen Szenarien geführt wird.
www.bumbumtrain.com

Frühstück nach einer langen Partynacht

• **Brick Lane Beigel Bake** › S. 149

• **Tinseltown** [J2]
Diner mit guten Hamburgern und
Omelettes nahe Smithfield-Fleisch-
markt. Im Hintergrund laufen Holly-
woodfilme auf einer großen Leinwand.
44–46 St. John St., EC1 | Ⓤ Farringdon
Mo–Do 12–5, Fr, Sa bis 4, So bis 3 Uhr

• **Vingt-Quatre** [C6]
Ein reichhaltiges englisches Frühstück
kostet £ 9,50.
325 Fulham Rd., SW10
Ⓤ South Kensington

Auf der Camden High Street

LAND & LEUTE

Steckbrief

- **Fläche Greater London:** 1572 km^2
- **Geografische Lage:** 51°30′ nördl. Breite (wie Berlin), durch Greenwich verläuft der Nullmeridian.
- **Einwohner:** 8,3 Mio.
- **Bevölkerungsdichte:** 4978 Einw./km^2
- **Bevölkerung:** rund 30 % der Londoner sind Einwanderer aus anderen Nationen oder stammen von ihnen ab.
- **Sprache:** Englisch; für mehr als 50 % der Grundschüler ist Englisch nicht die Muttersprache.
- **Verwaltungseinheiten:** Die britischer Hauptstadt gliedert sich in 32 Stadtbezirke, davon gehören 12 zu Inner und 20 zu Outer London, außerdem die City of London (2,74 km^2) als eigenständige Einheit.
- **Landesvorwahl:** 0044
- **Währung:** Britisches Pfund (£, GBP)
- **Zeitzone:** Greenwich Mean Time, d. h. MEZ − 1 Std.

Lage

Im Südosten Englands gelegen, erstreckt sich London, die Hauptstadt des Vereinigten Königreichs, im Wesentlichen westlich des Nullmeridians, der durch Greenwich verläuft. Die römische Keimzelle im Bereich der City, die Mehrzahl der Museen, der Geschäfte und der Restaurants liegen nördlich der Themse, die 64 km weiter östlich in die Nordsee mündet. Allerdings hat das Südufer in den letzten Jahren sehr an Attraktivität gewonnen.

Londoner Wohnhäuser sind meist nur drei- oder vierstöckig. Die Stadt wuchs also nicht in die Höhe wie amerikanische Metropolen oder Paris, sondern dehnte stattdessen ihre Fläche immer mehr aus. Heute berühren die Außenbezirke Londons die Grafschaften Buckinghamshire, Surrey, Kent, Essex und Hertfordshire.

Verwaltungsdschungel

Über die Jahrhunderte hinweg wuchs London aus 32 Dörfern zusammen. Als Stadtbezirke bilden sie **Inner** und **Outer London.**

Zu Inner London gehören: Westminster, Kensington & Chelsea, Hammersmith, Camden, Islington, Hackney, Tower Hamlets, Greenwich, Lewisham, Southwark, Lambeth und Wandsworth.

Outer London umfasst: Barking, Barnet, Bexley, Brent, Bromley,

Croydon, Ealing, Enfield, Harrow, Havering, Hillingdon, Hounslow, Kingston-upon-Thames, Lewisham, Merton, Newham, Redbridge, Richmond-upon-Thames, Sutton und Waltham Forest.

Als die konservative Regierung unter Margaret Thatcher nach heftigen Kontroversen im Jahr 1986 die von der Labour Party geführte Behörde *Greater London Council* auflöste, besaß London als einzige Großstadt der Welt keine zentrale Verwaltung mehr.

1998 votierten die Londoner mit 72 % Ja-Stimmen für ein Stadtparlament und einen Oberbürgermeister an der Spitze Großlondons. Die Wahl 2000 gewann der Labourpolitiker Ken Livingstone, der im Jahr 2003 eine Straßenmaut (Congestion Charge › **S. 32**) für die Innenstadt einführte, von der nur Taxis, Ambulanz und Feuerwehr ausgenommen sind.

Nach Skandalen um verschlampte Gelder und Vetternwirtschaft wurde 2008 der Konservative Boris Johnson zum Bürgermeister gewählt. Seine erste Amtshandlung: Er erklärte die U-Bahn zur alkoholfreien Zone. 2012 bestätigten die Londoner ihn mit knapper absoluter Mehrheit im Amt.

Die **City of London** besitzt einen politischen Sonderstatus und verwaltet sich selbst – mit eigener Polizei und einem Bürgermeister, dem Lord Mayor. Den 25 Gemeinden (Wards) steht je ein Alderman vor. Verwaltungsorgan ist der Common Council, der sich aus den 25 Aldermen (aus ihrer Mitte wählen sie den Lord Mayor) und 130 Common Council Men zusammensetzt. Nur 7000 Menschen wohnen in der 2,74 km² großen City, aber ca. 450000 haben hier ihren Arbeitsplatz – v. a. in Versicherungen, Banken und Handelsfirmen.

Wirtschaft

London ist das Handels- und Verwaltungszentrum Großbritanniens. Die City bildet nach New York und Tokyo den drittgrößten Finanz-, Börsen- und Handelsplatz der Welt. Bemisst man die Wirtschaftskraft am Bruttoinlandsprodukt je Einwohner, so belegt Inner London (242 % des EU-Durchschnitts) den absoluten Spitzenrang, während ein Drittel der Londoner Bezirke zu den ärmsten im Land zählt. Inzwischen wächst in den Golfstaaten Konkurrenz im internationalen Geldhandel heran. Die Finanzkrise von 2008, Bankenskandale und Großbritanniens isolierte Position in der derzeitigen EU-Krise setzen der Börse schwer zu.

Die meisten Arbeitsplätze bietet der Dienstleistungssektor (72 %): PR- und Werbeagenturen, Infrastrukturplanungsbüros, Software- bzw. Internetfirmen; dazu kommen Einzelhandel und Gastronomie. Die Rezession Ende des 20. Jhs. hat insbesondere die Hightech-Branche gut überstanden. Londons Einnahmen aus dem Tourismus (2013: £ 36 Mrd.) werden bis 2015 voraussichtlich auf £ 77 Mrd. steigen. Mit einem Einkommen von £ 1 Mrd. seit 2003 ist auch die Straßenmaut inzwischen rentabel.

Geschichte im Überblick

1000–200 v. Chr. Keltische Stämme besiedeln das Gebiet.

43–410 n. Chr. (Römerzeit) Gründung von Londinium bei einer Holzbrücke über die Themse.

410–500 London wird erstmals Residenzstadt (ca. 50 000 Einw.).

610 Die erste St. Paul's Cathedral wird als Bischofssitz gegründet. Bis zum 10. Jh. entwickelt sich die Stadt zur reichsten im Land.

1052 Edward der Bekenner baut die Westminster Abbey und einen Palast. Die alte Stadt an der London Bridge wird zum kommerziellen Mittelpunkt, die neue um den Palast der politische und zeremonielle Kern. Das bis heute charakteristische Grundmuster der Stadtstruktur ist so bereits vorgegeben.

1066 William the Conqueror (Wilhelm der Eroberer) siegt bei Hastings. Er gestattet der City of London die Selbstverwaltung.

1215 König John bewilligt den Londonern das Recht zur Wahl ihres eigenen Bürgermeisters.

1332 Das House of Commons tritt erstmals zusammen.

1476 William Caxton druckt erste Bücher in London.

1509–1547 Henry VIII gründet die anglikanische Kirche.

1558 Unter Elizabeth I blühen Wissenschaft und Kunst. London erhält eine zentrale Wasserversorgung.

1565 Die Stadt dehnt sich in die umliegenden Gebiete aus (ca. 200 000 Einw.). Zwei Pestepidemien (1563, 1593) fordern insgesamt 31 000 Tote.

1603 Die Pest fordert erneut 30 000 Todesopfer.

1649 Charles I wird hingerichtet; Ausrufung der Republik.

1660 Charles II kehrt aus seinem Exil in Holland zurück (Restaurationszeit).

2.–7. Sept. 1666 Eine riesige Feuersbrunst zerstört 80 % der City.

1738–1750 London wird zum Finanz- und Handelszentrum, No. 10 Downing Street zur Residenz des Premierministers.

1801 Erste offizielle Volkszählung: London hat 859 000 Einwohner.

1808–1820 Ausbau der Londoner Docklands zum größten britischen Hafen.

1836 London Bridge wird Londons erste Eisenbahnstation. Queen Victoria besteigt den Thron. Unter ihrer Herrschaft erlebt London einen Aufschwung.

1851 Erste Weltausstellung im berühmten Crystal Palace.

1852 Die neuen Houses of Parliament werden eröffnet.

1863 Einweihung der ersten U-Bahn der Welt.

1897 60. Regierungsjubiläum von Queen Victoria. London ist Zentrum des größten Imperiums der Welt.

1901 4 500 000 Einwohner.

1910–1913 Der landesweite Generalstreik paralysiert London.

1914–1918 Im Ersten Weltkrieg sterben 670 Londoner.

1939–1945 In deutschen Luftangriffen sterben ca. 30 000 Londoner.
1951 Das künstlerische Festival of Britain motiviert die Bevölkerung in den ersten Nachkriegsjahren.
1965 Verwaltungsreform: Das Greater London Council entsteht.
1968 Streik der Hafen-, Dock- und Fabrikarbeiter. Das öffentliche Leben kommt zum Erliegen.
1981 Unter Margaret Thatcher werden die Docklands zur Spielwiese von Investoren aus aller Welt. Straßenschlachten in Brixton zwischen Polizei und der farbigen Bevölkerung.
1986 Das Greater London Council wird aufgelöst.
1990 Schwere Straßenschlachten am Trafalgar Square.
2000 Die Tate Modern wird in der umgebauten Bankside Power Station eröffnet.
2005 Eine Serie von Bombenanschlägen fordert viele Tote und Verletzte. Die weltbekannten Routemaster-Doppeldeckerbusse werden aus dem Linienverkehr gezogen.
2008 Boris Johnson wird Bürgermeister von London und führt das Fahrrad-Verleihsystem ein.
2010 David Cameron wird mit einer konservativ-liberalen Koalition Premierminister.
2011 Schwere Krawalle erschüttern im August tagelang London und breiten sich auch auf andere englische Städte aus.
2012 London ist Ausrichter der Olympischen Spiele; im Anschluss daran wird die Regenerierung des vernachlässigten Ostens in Angriff genommen.
2013 Wikileaks-Gründer Julian Assange verschanzt sich seit Ende 2013 in der Botschaft von Ecuador.
2014 »The Gherkin«, das emblematische Bürohochhaus in der City, wird unter Zwangsverwaltung gestellt und verkauft.

Die Menschen

Ethnische Struktur

Eine der interessantesten Facetten von London ist seine demografische Struktur: Rund 2,6 Mio. Einwanderer aus aller Welt leben in London (über 30 % der Bevölkerung; zum Vergleich: im Bundesland Berlin lag der Anteil der Ausländer 2010 bei 13,5 %).

Meist pflegen sie ihre eigenen Sitten, Religionen, Geschäfte und Restaurants: jüdische Mitteleuropäer traditionell im East End und vor allem jetzt in Golders Green, Iren in Finsbury Park. Emigranten aus dem indischen Subkontinent treiben besonders in Southall schwungvollen Handel, Chinesen dominieren die Restaurantszene in Soho. In Notting Hill und Brixton liegen karibische und afrikanische Klänge in der Luft. Viele Italiener, Griechen, Libanesen, Filipinos usw. leben schon in der zweiten oder dritten Generation in London.

Soziale Probleme

Einwanderer bilden das Rückgrat der Stadt, aber das Misstrauen gegen Muslime führt oft zu Problemen. Die Gewalt unter schwarzen Jugendlichen – meist Mitglieder rivalisierender Gangs – ist ein kritischer Punkt im sozialen Leben der Metropole.

Die Prioritäten des Dienstleistungssektors, einschließlich des Tourismus, der das Zentrum beherrscht, sind umstritten: Während er stetig wächst, wurden neue Industriezweige, die der Bevölkerung Arbeitsplätze bieten, nicht gezielt gefördert. Die glitzernde Fassade der Weltstadt repräsentiert »Big Business«, Macht und Einfluss, während sich in vielen Suburbs Ressentiments angestaut haben.

Generationen schwarzer, aber auch weißer Bewohner sind ohne echte Zukunftsperspektive aufgewachsen. Einerseits Arbeitslosigkeit und hohe Preise, die Einwohner mit niedrigem Einkommen aus ihren Vierteln vertreiben, andererseits raffgierige Politiker und Banker – all das bildet den Hintergrund für die Plünderungen und Brandstiftungen, die ganz England im Sommer 2011 erschütterten. Der wachsende Unmut gegen soziale Ungleichheit führte darüber hinaus zu Protesten gegen die Erhöhung von Studienbeiträgen und zu den Protestlagern vor der St. Paul's Cathedral, die den Dekan sein Amt kosteten. Während der Immobilienmarkt für superreiche ausländische Investoren boomt, werden für Londoner günstige Wohnungen zunehmend unerschwinglich.

Kunst & Kultur

Römische Anfänge (1.–4. Jh.)

Erstmals beschreibt der römische Geschichtsschreiber Tacitus den Hafen und die Garnison Londinium als regen Handelsplatz, in dem Latein die offizielle Sprache ist und römische Moden und Sitten den Alltag bestimmen. Die meisten Überreste von Villen, Theatern, Bädern und Mosaiken sind in der City und in Southwark erhalten. Grabungsfunde aus dieser Zeit besitzen das Museum of London und das British Museum.

Mittelalter (12.–15. Jh.)

In Politik, Religion und Handel bilden sich Gepflogenheiten und ein Rechtsverständnis, die aus ihren mittelalterlichen Ursprüngen heraus kontinuierlich weiterentwickelt werden und bis heute Einfluss haben. In der Architektur löst der gotische Baustil den normannischen ab, dessen großartigstes Zeugnis der White Tower ist, der Kern des Tower of London. Doch die Wirren der »Dark Ages« mit Invasionen und Thronfolgekämpfen verhindern eine kulturelle Blüte.

Englische Hochgotik zeigt das Fächergewölbe in der Westminster Abbey

Die besten Beispiele der verschiedenen Ausprägungen des gotischen Stils in London sind Westminster Abbey und die Guildhall. Geoffrey Chaucer schreibt als erster großer Poet Londons seine »Canterbury Tales«. Bis in das 12. und 13. Jh., als nur geistliche Musik aufgeschrieben wurde, reicht die Tradition der Chöre der Westminster Abbey und der St. Paul's Cathedral zurück.

Tudorzeit (16. Jh.)

Im Zeichen der Loslösung von Rom entstehen kaum noch Kirchen, dafür umso mehr Schlösser und Landsitze. Henry VIII lässt ein Meisterwerk dieser Epoche bauen: St. James's Palace. Außerhalb des Regiments der Zünfte in der City amüsiert sich das Volk in Southwark mit derben Vergnügungen, aber auch Theater ist populär. Im berühmten »Globe« (halb offen und aus Holz gebaut) und auf anderen Bühnen werden die Stücke Johnsons und Marlowes aufgeführt; William Shakespeare agiert als Schauspieler in seinen eigenen Werken. John Stow beklagt in seinen Schriften den wachsenden Verlust von Feldern und Wiesen.

Restaurationszeit (17. Jh.)

Zwei Architekten prägen diese Ära: Inigo Jones (vor dem Großen Feuer von London) und Christopher Wren (nach 1666). Im Auftrag Charles' I baut Jones, dessen Vorbild der italienische Baumeister Andrea Palladio ist, die Banqueting Hall in Whitehall, Londons erstes reines Renaissancegebäude. Charles I beauftragt Rubens, die Decke der Banqueting Hall auszumalen. Van Dyck hält das Hofleben auf Leinwand fest und erhält den Titel »Sir«.

Christopher Wren entwirft fünf Tage nach dem Großen Feuer seine Pläne für St. Paul's und weitere 30 Kirchen. Er sieht nach dem Brand die große Chance für eine Neugestaltung der City, scheitert dann aber an der Kurzsichtigkeit der Politiker. Außer den Kirchen werden immerhin das Chelsea Royal Hospital und das Royal Naval College in Greenwich realisiert. Nach der Herrschaft Oliver Cromwells bringt Charles II, der lange am Hof Louis' XIV lebte, Frivolität und enorme Perücken mit aus dem Exil. Der leitende Marinesekretär Samuel Pepys notiert ab 1660 die Skandale und Intrigen der Zeit in einem später veröffentlichten, unterhaltsam zu lesenden Tagebuch. Orlando Gibbons und Henry Purcell transferieren erstmals volkstümliche Balladen in höfische Musik.

Georgianische Zeit (18. Jh.)

Geld und Baugrund sind knapp. Bauvorschriften gibt es viele. Diese Einschränkungen resultierten in Neubauten von beispielloser Eleganz und Einfachheit. Als große Architekten prägen John Adam (Portland Place), sein Bruder Robert (Kenwood House), William Kent (Horse Guards), Sir John Soane (Bank of England) und natürlich John Nash in strengem Klassizismus ihre Zeit.

König George IV befasst sich weniger mit Politik als mit den Annehmlichkeiten des Lebens; er beauftragt Nash mit dem Bau der Regent Street und der eleganten Terraces am Regent's Park. Diese schmucken Reihenhäuser sollten dann zum Vorbild für unzählige ähnliche Wohnanlagen im ganzen Land werden.

Jetzt sind es englische Maler wie Gainsborough und Reynolds, die in der Landschaftsmalerei und Porträtkunst den Ton angeben. John Constable beginnt sich mit stimmungsvollen Landschaftsgemälden einen Namen zu machen; William Turner hat seinen Stil bereits von der naturalistischen Wiedergabe zur fast abstrakten Malerei weiterentwickelt.

Der Autor und Anwalt James Boswell (1740–1795) schreibt sein Tagebuch voll von bösem Witz zu Hause in der Downing Street. Die Schriftsteller Dryden, Pope und Swift treffen sich oft bei dem Literaten Dr. Johnson. Händel macht England zu seiner Wahlheimat und leitet ab 1719 die königliche Haymarket-Oper.

Chippendale kombiniert in seinen Möbelentwürfen Formen des Rokoko mit Elementen aus Ostasien und schafft einen eigenen Stil. Konkurrent Hepplewhite betreibt sein Geschäft in Cripplegate.

Viktorianisches Zeitalter (19. Jh.)

Im 19. Jh. ist London die modernste und größte Stadt der Welt und wächst unaufhaltsam. Im Zeitalter der kühnen Konstruktionen von Bahnhöfen, Brücken und Glaspalästen wie in den Kew Gardens sind in der Architektur zwei Richtungen en vogue: der neugotische Stil (Houses of Parliament von

Augustus Pugin und Charles Barry) und der Neoklassizismus (British Museum von Robert Smirke).

Prinz Albert, der Ehemann von Queen Victoria, hat großes Interesse am Kunsthandwerk (»Arts & Crafts«) und gründet sowohl das Victoria and Albert Museum als auch das Science Museum.

Die Schriftsteller Browning, Tennyson und Thackeray werden berühmt. Oscar Wilde und Bernard Shaw pflegen im Café Royal die hohe Kunst des Witzeerzählens. Charles Dickens beschreibt nicht nur in Romanen wie »Oliver Twist« und »Nicholas Nickleby« das trostlose Schattendasein der Bevölkerung in den Londoner Slums, sondern arbeitet auch in Wohnraumkomitees mit.

Kaufhaus Liberty im Neotudorstil

Gegen Ende der Epoche setzen Kunsthandwerker wie William Morris neue Akzente als Antwort auf die überladene Dekorationssucht der Zeit. In der Malerei findet sich parallel eine von der italienischen Renaissance inspirierte Gruppe von Malern, die Präraffaeliten.

Edwardian Age (um 1900)

Der Prince of Wales, später Edward VII, ist ein Lebemann und der Mittelpunkt der vergnügungssüchtigen *Society* vor dem Ersten Weltkrieg. Arthur Liberty baut sein heute berühmtes Kaufhaus im Art-nouveau-Stil und fördert Handwerker, u.a. auch deutsche Möbeldesigner wie z.B. Riemerschmid. Edward Elgar, Komponist des patriotischen »Land of Hope and Glory«, steht im Mittelpunkt des Musiklebens.

20. Jahrhundert

Die Neuzeit beginnt mit den sozialen und ökonomischen Veränderungen nach dem Ersten Weltkrieg. George Orwell, Aldous Huxley, D. H. Lawrence und Bertrand Russell setzen sich in ihren Büchern mit düsteren Zukunftsvisionen auseinander, thematisieren akute soziale Fragen und das Ausgeliefertsein des Einzelnen gegenüber der Gesellschaft.

Die »Bloomsbury Group«, eine Gruppe von Malern und Literaten, deren zentrale Figur Virginia Woolf ist, verficht eine neue Moral ohne viktorianische Enge. Der Einfluss des Weimarer Bauhauses zeigt sich bei den Kaufhäusern Peter Jones und Simpson. Von den Gebäuden, die während des

Festival of Britain 1951 errichtet wurden, blieb nur die Royal Festival Hall erhalten. Doch in der Folge des Festivals gewinnen englische Architekten internationales Format: Richard Rogers, Sir Norman Foster und James Stirling sind nur einige berühmte Namen.

In den 1950er-Jahren riskieren die Theater neue Experimente. Das Royal Court Theatre produziert nicht nur die Stücke der Avantgarde-Autoren Pinter und Osborne, sondern auch von Brecht. Die Filmindustrie hat mit den »Ealing Comedies« (heiterer, leichter Unterhaltung) und ihrem Star Alec Guinness Hochkonjunktur.

Anfang der 1960er-Jahre wird »Swinging London« zum Ausdruck einer Avantgarde der Mode, Popmusik, Film und Literatur – eines neuen Lebensgefühls, das von seinen Epizentren Carnaby Street und King's Road weit über die Landesgrenzen hinaus wirkt. Die Beatles singen »Help« und starten ihre Weltkarriere. Francis Bacon und David Hockney werden mit ihrer Malerei weltberühmt.

Punk und Postmoderne sind die Ausdrucksformen der 1980er-Jahre. In den 1990ern prägen zunehmend ethnische Minderheiten die Musik- und Literaturszene. Indischstämmige Schriftsteller wie Salman Rushdie und Vikram Seth beeinflussen die Literatur. Londons Kunst- und Architekturakademien fungieren wie eine Art Vereinte Nationen der Talente.

21. Jahrhundert

Auch zu Beginn des neuen Jahrtausends setzt London bei Popkultur, Design und Mode internationale Trends. Experimentelles Theater gewinnt an Bedeutung. Der Zufluss an zeitgenössischer Kunst aus China in den Galerien deutet darauf hin, dass ein großes Interesse an chinesischer Kultur besteht. In den Museen machen neue Anbauten von namhaften Architekten der Kunst Konkurrenz.

Überall wird viel gebaut: Unaufhörlich schießen Wolkenkratzer aus Stahlbeton und Glas aus dem Boden. Die Skyline der Metropole verändert sich zunehmend. Die vielen Literaturpreise weisen darauf hin, dass auch die englischsprachige Gegenwartsliteratur eine Renaissance erlebt.

Feste & Veranstaltungen

Januar: London International Mime Festival: Animation und Marionettentheater an verschiedenen Orten, www.mimelondon.com.

Februar: Chinese New Year in der China Town von Soho.

März/April: Oxford and Cambridge Boat Race: Ruderregatta der beiden Universitäten, www.theboatrace.org. **London Marathon** vom Greenwich Park bis zur Mall, www.virginlondonmarathon.com.

Notting Hill Carnival

Mai: **Chelsea Flower Show:** Blumenschau auf dem Gelände des Chelsea Royal Hospital › S. 118. **State Opening of Parliament:** Die Queen eröffnet das Parlament zu Beginn des parlamentarischen Jahres.

Juni: **Beating the Retreat:** Militärparade der Horse Guards in Whitehall, www.army.mod.uk. **Derby:** Berühmtes Pferderennen in Epsom, www.epsomderby.co.uk. **Royal Academy Summer Exhibition:** Große Sonderausstellung zeitgenössischer britischer Künstler bis Mitte August, www.royalacademy.org.uk. **Trooping the Colour:** Geburtstagsparade der Queen, Horse Guards Parade, www.trooping-the-colour.co.uk. **Royal Ascot:** Die Hüte sind so wichtig wie die Pferderennen, www.ascot.co.uk. **Wimbledon Lawn Tennis Championships:** Erdbeeren, Champagner, Sport, www.wimbledon.org. **Spitalfields Festival:** Klassik in der Christ Church, www.spitalfieldsfestival.org.uk.

Juli: **Somerset House Summer Series:** Openairkonzerte und Kino im Innenhof des ehemaligen Tudorpalastes, www.somerset-house.org.uk/music. **BBC Henry Wood Promenade Concerts/The Proms:** Konzertreihe in der Royal Albert Hall, www.bbc.co.uk/proms.

August: **Notting Hill Carnival:** überschäumender Karneval der Karibik-Briten am letzten Augustwochenende in Notting Hill, Europas größte Straßenparty, www.thenottinghillcarnival.com. **London Cycle Festival:** Radfahren im verkehrsfreien Zentrum, www.prudentialridelondon.co.uk.

September: **Brick Lane Festival:** Die bengalische Gemeinde von Spitalfields präsentiert kulinarische Spezialitäten und Musik, www.curryculture.co.uk.

Oktober: **Pearly King and Queens Harvest Festival:** Gottesdienst der Cockney-Markthändler am 1. Oktobersonntag in St. Martin-in-the-Fields, www.pearlysociety.co.uk. **Frieze Art Fair:** Kunstmesse im Regent's Park mit vielen internationalen Galerien, www.friezelondon.com

November: **Lord Mayor's Show:** Am zweiten Samstag paradiert der neue Lord Mayor durch die City, www.lordmayorsshow.org.

Dezember: **Great Christmas Pudding Race:** Hindernisrennen im Covent Garden Market mit wild verkleideten Teams um den schnellsten Weihnachtspudding, www.xmaspuddingrace.com.

Für die Chelsea Flower Show, die Proms, Ascot und Wimbledon empfiehlt es sich, Karten frühzeitig zu buchen, entweder online oder über ein Reisebüro.

Die City Hall am
Südufer der Themse

TOP-TOUREN & SEHENS-WERTES

CITY OF WESTMINSTER

Kleine Inspiration

- **Das Gemälde »Die Taufe Christi«** von Piero della Francesca in der National Gallery bewundern. › S. 75
- **Im Unterhaus** einer Debatte beiwohnen. › S. 79
- **Die Aussicht vom Glockenturm** der Westminster Cathedral genießen. › S. 81
- **Durch den Regent's Park** spazieren oder eine Ruderpartie auf dem See machen. › S. 91

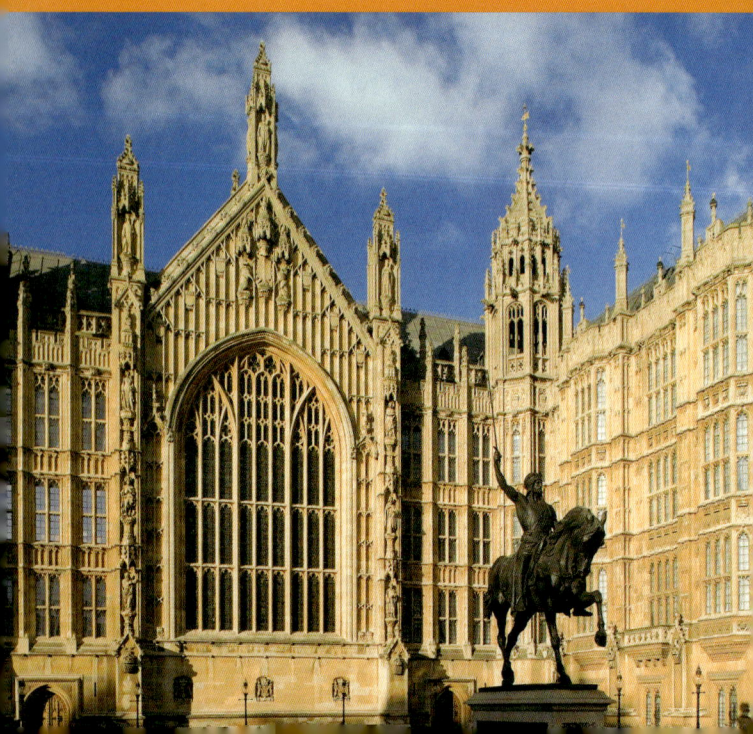

Westminster hat viel zu bieten: Parks, quirlige Viertel wie Soho und Covent Garden, weltstädtische Einkaufsstraßen in Mayfair, spannende Läden in Marylebone und kulturelle Glanzpunkte wie das British Museum.

Auf knapp 21,5 km² umfasst die faszinierende City of Westminster sowohl den historischen Regierungsbezirk mit den Parlamentsgebäuden und der prächtigen Westminster Abbey als auch so kontrastreiche Viertel wie das noble Mayfair und Soho, einen Brennpunkt des Nachtlebens. Rings um die Shaftesbury Avenue weisen die Straßenschilder Londons »Theatreland« aus, denn im engen Umkreis sind all die namhaften Musicaltheater und das königliche Opernhaus Covent Garden versammelt. Auch der Buckingham Palace, die Londoner Residenz der königlichen Familie inmitten der grünen Lungen St. James's Park und Green Park, prägt eine Facette der City of Westminster.

Es wäre schade, sich nicht über die breite Shoppingmeile Oxford Street hinauszubewegen, denn in nördlicher Richtung liegt der Stadtteil Marylebone mit seinen teils traditionellen, teils trendigen kleinen Läden, Madame Tussauds Wachsfigurenkabinett und dem Freizeitrefugium Regent's Park mit dem Zoo.

Auf keinen Fall sollte man versäumen, das British Museum mit seiner Fülle an Schätzen zu besuchen. Hier erfährt man alles über die Geschichte der Menschheit und ihre kulturelle Entwicklung.

Die Houses of Parliament

Einer der letzten unabhängigen Buchläden: Daunt in der Marylebone High Street

Shopping, Nachtleben, Picknick im Park – mit Langeweile ist selbst bei schlechtem Wetter nicht zu rechnen. London hat ein dichtes Nahverkehrsnetz mit vielen Zug und Busverbindungen. Die Busse bestimmen das Straßenbild und sind spannender als die U-Bahn. Aber mit der *tube,* die eine Anbindung an fast jede wichtige Sehenswürdigkeit hat, kommt man am schnellsten voran.

Sich eine Weile auf die Stufen am Trafalgar Square zu Füßen von Lord Nelson zu setzen und die Menschen zu beobachten ist eines der kostenlosen Vergnügen – und eine perfekte Einstimmung auf die Stadt.

Touren in der City of Westminster

Tour 1 — Ins Zentrum von Westminster

**Verlauf: Piccadilly Circus ›
Chinatown › Leicester Square ›
Trafalgar Square › Whitehall ›
Houses of Parliament › Tate
Britain › Westminster Abbey ›
Queen's Gallery und Royal Mews
› Victoria Station**

Karte: Seite 76
Dauer: Reine Gehzeit ca. 2 Std.
Praktische Hinweise:
- Start- und Zielpunkt – Ⓤ Piccadilly
bzw. Ⓤ Victoria – sind leicht mit
der *tube* zu erreichen.
- Wer den Wachwechsel der Horse
Guards um 11 Uhr in Whitehall be-
obachten möchte, sollte beizeiten
starten oder von der Ⓤ Westmins-
ter losgehen. Letzter Einlass in die
Westminster Abbey ist 15.30 Uhr.
- Piccadilly, China Town und
Leicester Square bieten sich an für
einen Abendbummel.

Tour-Start: Piccadilly Circus 1 [F/G3] und Chinatown

Piccadilly ist nicht nur die Straßen-
kreuzung Piccadilly Circus, sondern auch der Name des Viertels
und seiner Hauptstraße. Der Name
stammt vermutlich aus dem 17. Jh.,
als hier Spitzenkragen, die *picca-
dells,* verkauft wurden. Fixpunkt ist
die Statue des »Engels der christ-
lichen Nächstenliebe«, die alle als
Eros kennen. Dem Verkehrslärm
zum Trotz treffen sich hier Globe-
trotter aus aller Welt.

Eros' Pfeil zeigt in die breite, von
West-End-Theatern gesäumte **Shaftesbury Avenue.** Biegt man dort
rechts in die Wardour Street ein,
sieht man erste Straßennamen in
chinesischer Schrift und gleich darauf die Pagode am Beginn der
Gerrard Street. Dies ist das Herz
von **Chinatown,** einem Mini-Hong-
kong mit eigenen Ärzten, Schulen,
Sozialfürsorge, Supermärkten, Spe-
zialisten für Kräutermedizin und
Telefonzellen im Pagodenstil sowie
zahllosen Restaurants. Hier ist jeden Tag Leben bis spät in die Nacht.

Leicester Court führt zum 1630
angelegten **Leicester Square** 2
[G3], den heute meist Touristen und
Straßenkünstler bevölkern (über-
wacht von 104 Videokameras).
Rund um den begrünten Platz kon-
zentrieren sich die großen Premie-
renkinos und Mega-Diskotheken.

Wer eine Musik- oder Theater-
aufführung besuchen möchte, hat
gute Chancen, hier Restkarten am
tkts Half Price Ticket Booth zu ergattern › S. 27.

Trafalgar Square 3 [G3]

Er ist ein Symbol nationalen Stolzes
und militärischer Macht. 1830 wurde der weite Platz mit seinen beiden
großen Springbrunnen und der Statue des Seehelden Lord Nelson kon-

Die National Gallery und St. Martin-in-the-Fields am Trafalgar Square

zipiert, der 1805 Franzosen und Spanier in der Schlacht von Trafalgar besiegt hatte. Nach der Neugestaltung durch Sir Norman Foster ist der beliebte Platz eine grandiose Piazza und Fußgängerzone. An Wochenenden wird er oft zur Bühne für große Musik-, Tanz- und Theaterevents wie dem indischen Diwali-Festival Anfang November.

National Gallery 4 ⭐ [G3]

Die Nordseite des Platzes beherrscht die lange Fassade der Nationalgalerie, die Gemälde aller europäischer Malschulen und Epochen vom 13. bis zum 20. Jh. vereint. **50 Dinge** ㉖ › **S. 15**. Besonders kostbar sind die Niederländer (Rembrandt, Rubens, van Dyck) und die Werke der italienischen Renaissance (Leonardo, Tizian). Im Sainsbury Wing findet man Werke der Frührenaissance, u.a. Piero della Francescas (um 1420–1492) »Taufe Christi« (tgl. 10–18, Fr 10–21 Uhr; Eintritt frei,

außer für Sonderausstellungen, www.nationalgallery.org.uk).

National Portrait Gallery 5 [G3]

An der Ecke zu Charing Cross präsentiert diese Kunstsammlung ein gemaltes »Who's Who« vom Mittelalter bis zur Gegenwart. Mit dem modernen Ondaatje-Flügel entstanden weitere Ausstellungsflächen und das populäre Restaurant **The Portrait** (tgl., €€); dazu gibt es ein nettes Café und einen Buchladen (Galerie tgl. 10–18, Do, Fr bis 21 Uhr, Eintritt frei, außer für Sonderausstellungen, www.npg.org.uk).

St. Martin-in-the-Fields 6 [G3]

Flankiert wird der Trafalgar Square von dieser schönen Barockkirche. Nach ihrem Bau im Jahr 1724 wurde sie dem hl. Martin von Tours, dem Patron der Armen, geweiht, und bis heute kümmert sich die Gemeinde um Menschen in Not.

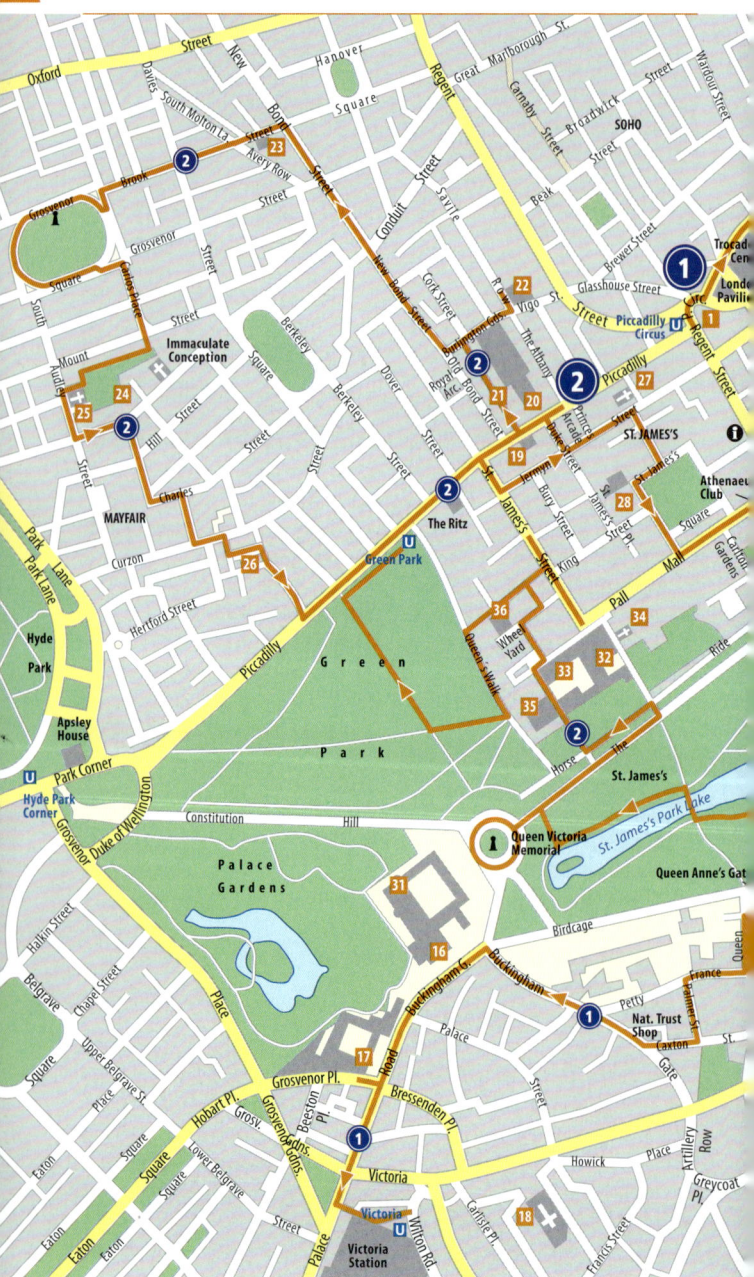

Touren in der City of Westminster

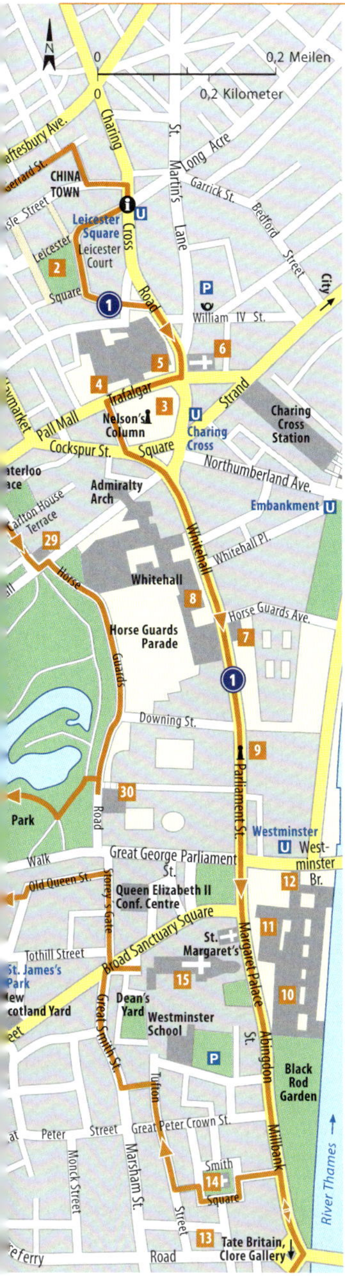

Tour ❶

Ins Zentrum von Westminster

1 Piccadilly Circus
2 Leicester Square
3 Trafalgar Square
4 National Gallery
5 National Portrait Gallery
6 St. Martin-in-the-Fields
7 Banqueting House
8 Horse Guards
9 Cenotaph
10 Houses of Parliament
11 Westminster Hall
12 Big Ben
13 Tate Britain
14 St. John's
15 Westminster Abbey
16 Queen's Gallery
17 Royal Mews
18 Westminster Cathedral

Tour ❷

Mayfair und St. James's

19 Fortnum & Mason
20 Royal Academy of Arts
21 Burlington Arcade
22 Apple House
23 Händel House Museum
24 Mount Street Garden
25 Grosvenor Chapel
26 Shepherd Market
27 St. James's Piccadilly
28 London Library
29 Institute of Contemporary Arts
30 Cabinet War Rooms
31 Buckingham Palace
32 St. James's Palace
33 Clarence House
34 Queen's Chapel
35 Lancaster House
36 Spencer House

Zu den interessanten Veranstaltungen von St. Martin's gehören die ❗ stimmungsvollen Barockkonzerte bei Kerzenschein. Bei Kerzenschein dinieren kann man im **Café in the Crypt** › S. 48.

Whitehall

Bis zum Ende des 17. Jhs. war der gesamte Distrikt Whitehall vom Trafalgar Square bis zum Parliament Square ein einziger großer Palast: Whitehall Palace, die Hauptresidenz der Monarchen seit dem 12. Jh. bis zu Henry VIII. Im Jahr 1698 brannte der gesamte Komplex nieder. Mit seinen Gebäuden, Innenhöfen und Marmorstatuen muss der Palast einen grandiosen Anblick geboten haben. Als Modell ist er im Museum of London › S. 131 zu sehen. Heute arbeiten in Whitehall verschiedene Ministerien.

Banqueting House 7 [G4]

Einziges Überbleibsel des alten Palastes ist das von Inigo Jones gebaute Banqueting House, in dem viele offizielle Empfänge stattfinden. Besucher haben Zutritt zur imposanten großen Halle, die mit einem prunkvollen Deckengemälde von Rubens versehen ist. (Mo–Sa 10 bis 17 Uhr, wegen häufiger Änderungen unbedingt vorher anrufen: Tel. 0844-482 7777-3, www.hrp.org.uk/BanquetingHouse).

Horse Guards 8 [G4]

Genau gegenüber vom Banqueting House steht man vor den Horse Guards, der Kaserne der »Household Cavalry«.

Die Soldaten dieser 1661 gegründeten Elitetruppe zum Schutz der Monarchen stehen hier in ihren scharlachroten Uniformen und Büschelhelmen in Positur, ohne sich je von den Touristen aus der Ruhe bringen zu lassen. Die Wache wechselt Mo–Sa um 11, So um 10 Uhr.

Downing Street

Seit Mrs. Thatcher mächtige Eisentore errichten ließ, ist die Downing Street, eine Reihe georgianischer Häuser aus dem 17. Jh., für die Öffentlichkeit tabu. Offizielle Residenz des Premierministers ist No. 10 Downing Street, seit Robert Walpole 1732 hier von George II einquartiert wurde. Die unauffällige Fassade mit schlichter Eingangstür ist eine bewusste Irreführung – wie so vieles in England. Dahinter verbirgt sich große Eleganz – und eine Verbindungstür zu No. 11, dem Haus des Finanzministers.

Der nächste Meilenstein entlang von Whitehall ist der **Cenotaph** 9 [G4], ein 1919 entworfenes Denkmal für die Toten des Ersten Weltkriegs. Hier findet jedes Jahr im November eine Gedenkfeier statt.

Houses of Parliament 10 ⭐ [G4]

Am Ende des Straßenzugs Whitehall–Parliament Street entfaltet sich ein prachtvolles Bild: der **Parliament Square** mit den Statuen von Winston Churchill und den Premierministern des 19. Jhs. Rechts liegt die Westminster Abbey, davor die kleine Kirche St. Margaret's; links sieht man die Zinnen und Türme von Big

Ben, der Westminster Hall und dem Parlamentsgebäude, das Charles Barry 1847–1849 erbaute.

Die Houses of Parliament, offiziell *Westminster Palace,* sind ein 3,2 ha großer Komplex mit elf Innenhöfen und fast 1200 Räumen, die teils zum House of Commons (Unterhaus), teils zum House of Lords (Oberhaus) gehören.

Die fast 770 Jahre ältere **Westminster Hall** 11 [G4] (der einzige Teil des ursprünglichen Gebäudes) war früher das Zentrum der Gerichtsbarkeit in London. (Führungen durch die Houses of Parliament finden ganzjährig zwischen 9 und 16.15 Uhr mit wenigen Ausnahmen statt. Vorausbuchung notwendig: Tel. 0844-847 1672 oder – wenn aus dem Ausland – +44-161-425 8677; www.parliament.uk. Zugang zu den Besuchergalerien im Unter-/Oberhaus › **S. 26**).

Neben dem Parlament ragt der hohe, leicht schiefe Turm von **Big Ben** (offiziell *Elisabeth Tower*) 12 [G4] auf, berühmt für sein 13 t schweres Glockenwerk. Seit 1858 schlägt es jede Stunde; vier kleinere Glocken verkünden jeweils die Viertelstunden.

Nach außen hin hat sich das Oberhaus mit dem Victoria Tower am südwestlichen Ende des Gebäudes über die Zeit nicht verändert. Doch in seiner Struktur wurde einiges umgekrempelt: Von den ursprünglich 758 Lords mit ererbten Titeln durften nur 75 bleiben.

Der hübsche **Black Rod Garden** neben dem Victoria Tower ist beliebt bei den Parlamentsreportern,

Nach seiner schwersten Glocke wird der Uhrturm der Houses of Parliament »Big Ben« genannt

um über das Geschehen »in the House« zu berichten.

Tate Britain 13 ⭐ [G5]

Vom Parliament Square in südlicher Richtung spaziert man an der Themse zur Galerie Tate Britain. Ihre außergewöhnliche Sammlung umfasst britische Malerei ab dem 16. Jh. und zeitgenössische europäische Kunst › **auch S. 141**.

In der angrenzenden, von James Stirling gebauten **Clore Gallery** ist die **Turner Collection** untergebracht. William Turner (1775–1851), der Maler unvergleichlicher licht- und farbtrunkener Landschaftsbilder, hinterließ seine Werke dem Staat. Geöffnet tgl. 10–18 Uhr, letzter Einlass zu Ausstellungen 17.15 Uhr. An bestimmten Freitagen gibt es abendliche Vorträge und andere Veranstaltungen. Eintritt frei, außer für Sonderausstellungen, www.tate. org.uk.

Zur Tate Britain gehört neben der **Cafeteria** ein elegantes **Restaurant** mit exzellenter Weinkarte (€€€).

Zu den Galerie-Öffnungszeiten pendelt das **Tate to Tate Boat** zwischen Tate Britain und Tate Modern › S. 141, im Sommer mit Halt am London Eye (einfach £ 6,80, Ermäßigung mit Travelcard).

Rund um Smith Square

Gegenüber dem Blackrod Garden liegt die stille, mit Gaslampen beleuchtete **Lord North Street:** nur fünf Minuten vom Unterhaus entfernt. Hier und in dem Labyrinth kleiner Straßen rundum wohnen hauptsächlich Minister und Parlamentsabgeordnete. Politische Intrigen? Jede Woche gibt es neue, und hier werden sie gesponnen.

Mittelpunkt dieses versteckten Winkels ist die Barockkirche **St. John's** 14 [G5], heute eine Konzerthalle mit dem stimmungsvollen **Smith Square Restaurant** in der Krypta › S. 48. Tickets: Tel. 020-7222 1061, www.sjss.org.uk.

Westminster Abbey 15 ⭐2 [G4]

Die Krönungskirche und Begräbnisstätte der englischen Könige liefert ein prächtiges Beispiel für die gotische Baukunst. Gegründet wurde sie im 11. Jh. von Edward dem

Bekenner an der Stelle einer älteren Benediktinerabtei. Schon im Jahr 1298 wurde sie bei einem Feuer weitgehend zerstört, 1388 wieder aufgebaut.

1739 errichtete Nicholas Hawksmoor die beiden stumpfen Westtürme. 1998 wurden die bis dato leer stehenden Nischen an der Westfassade mit zehn neuen Statuen bestückt – Märtyrer des 20. Jhs, darunter Martin Luther King, der Franziskanermönch Maximilian Kolbe und der Widerstandskämpfer Dietrich Bonhöffer.

Hat man das Eintrittsgeld entrichtet, wird man auf einer vorgegebenen Führungslinie durch die Seitenkapellen gelotst, vorbei am rund 700 Jahre alten Coronation Chair (Krönungsthron) und dem Schrein von Edward dem Bekenner zur Lady Chapel von Henry VII.

Unter filigranen Fächergewölben ruhen hier u. a. Elizabeth I und Maria Stuart. Sehenswert ist auch die **Poet's Corner** mit Monumenten zu Ehren von William Shakespeare, John Milton, Lord Byron, John Keats und vielen anderen. (Das Hauptschiff ist in der Regel Mo–Sa 9.30–15.30 Uhr geöffnet, das Abbey Museum Mo–Sa 10.30–16 Uhr, Tel. 020-7222 5152, www.westminster-abbey.org) **50 Dinge** 28 › S. 15.

An der Westseite der Westminster Abbey führt ein Torweg zu **Dean's Yard**, dem ummauerten Garten des Klosters, in dem Mönche einst eine Schule betrieben. Heute befinden sich in Dean's Yard eine der vornehmsten Privatschulen Englands und das Café Cellarium (Nr. 20).

Queen's Gallery **16** und Royal Mews **17** [F4]

Die Straße Storey's Gate verläuft zwischen der Central Hall und dem hässlichen Queen Elizabeth Conference Centre zur Old Queen Street, durch die man in die verträumte Straße **Queen Anne's Gate** gelangt. Der nette Pub **Adam and Eve** an der Ecke Petty France/Palmer Street datiert aus dem 17. Jh und ist ein beliebter Treffpunkt für Regierungsbeamte und Armeeoffiziere.

Immer noch im Regierungsviertel gelangt man zur Straße Buckingham Gate und zur **Queen's Gallery**. Die Kunstsammlung der Krone ist exquisit, der exaltierte Portikus enttäuschend (tgl. 10–17.30 Uhr, Einlass bis 16.30 Uhr, www.royal collection.org.uk).

In den nahen **Royal Mews** mit schönem Innenhof stehen die königlichen Kutschen und die Rösser der Queen neben gut ausgebildeten Polizeipferden (Mitte März–Okt. Mo–Do, Sa, So 10–16, Einlass bis 15.15 Uhr, Aug./Sept. tgl. 10–17, Einlass bis 16.15 Uhr; bei Staatsbesuchen geschl.).

SEITENBLICK

Abseits der Tour

Innen im neobyzantinischen Stil prächtig geschmückt, präsentiert sich die 1895 erbaute katholische **Westminster Cathedral 18 [F5]**. Mindestens ebenso eindrucksvoll ist der Panoramablick vom 83 m hohen Glockenturm (Lift: Mo–Fr 9.30–17 Uhr, Sa, So und Feiertage 9.30–18 Uhr, www.westminstercathedral.org.uk).

Mayfair und St. James's

Verlauf: Piccadilly › Royal Academy › Grosvenor Square › Shepherd Market › Pall Mall › Buckingham Palace › St.James's Palace › Green Park

Karte: Seite 76
Dauer: Reine Gehzeit ca. 2 Std.
Praktische Hinweise:

- Von der Ⓤ Green Park, Start- und Endpunkt des Weges, kann man sich aufmachen ins elegante Viertel Mayfair oder morgens gleich quer durch den Park zum Buckingham Palace spazieren, falls man den Wachwechsel vor der Residenz der Queen miterleben möchte.
- Sonntags ist nur ein Schaufensterbummel angesagt.

Tour-Start:

Die Straße Piccadilly trennt das elegante und modebewusste **Mayfair** im Norden, durch das der erste Teil des Spaziergangs führt, vom ebenso distinguierten Viertel **St. James's** südlich. Beide Viertel stehen für London de Luxe!

Fortnum & Mason **19** [F3]

Zum Frühstück, Lunch oder Nachmittagstee ist 181 Piccadilly eine Topadresse: Der edle Klassiker unter den Kaufhäusern › S. 50 verführt mit einem unglaublichen Angebot an britischen und exotischen Delikatessen. **50 Dinge ⑲** › S. 14. 1707 von William Fortnum (ehemals

Page von Queen Anne) und dem Lebensmittelhändler Hugh Mason gegründet, hat sich Fortnum & Mason 2007 eine teure Modernisierung und Erweiterung geleistet. Bedient wird man bei der Wahl schöner Mitbringsel, z. B. Dundee Cake in bemalten Dosen oder einer der 180 Teesorten, nach wie vor von Herren im Cut.

Royal Academy of Arts 20 [F3]

George III gründete die Akademie im 18. Jh., um die schönen Künste im Land zu fördern. Die Royal Academy ist die einzige kulturelle Institution im British Commonwealth, über die die Monarchen frei bestimmen können. Wenn sie wollte, könnte die Queen sie morgen schließen. Hier finden internationale Ausstellungen und die »Summer Exhibition« statt, die mit großer Resonanz Werke von Amateuren zeigt.

Die zur Academy gehörende **Sackler Gallery** wurde vom Archi-

Männerdomäne

Halb verborgen rechts neben der Royal Academy liegt der Eingang zu **The Albany,** 1803 als exklusive Junggesellenadresse erbaut. Verheiratete Männer wurden zwar 1878 zugelassen, durften aber erst nach 1919 ihre Gattinnen mitbringen. Dass hier auch keine Journalisten, Grundstücksmakler, Kleinkinder und Tiere leben durften, hat Graham Greene, Aldous Huxley oder Edward Heath nicht gestört. Die Regeln gelten heute noch.

tekten Sir Norman Foster entworfen (Galerien tgl. 10–17.30, Fr bis 21.30 Uhr; www.royalacademy. org.uk).

Einen Besuch wert sind immer die Ausstellungen der Academy über Architektur und Design im Burlington House. Eingang auf der Rückseite der Royal Academy in 6 Burlington Gardens.

Mayfair Shopping

Die edle Einkaufszeile **Burlington Arcade** 21 [F3] ließ einst Lord Cavendish bauen: als Piazza zum »Verkauf von Gegenständen, die weder durch ihr Aussehen noch ihren Geruch Anstoß erregen«. Soldaten pflegten hier mit den Kindermädchen zu liebäugeln, und um für Ordnung zu sorgen, wurden Wächter (Beadles) eingeführt, die es bis heute noch gibt. Das Warenangebot ist eher konservativ: brave Wollpullover, traditionelle Krawatten …

Die **Savile Row** ist die Straße der exklusiven Herrenschneider, unter ihnen **Henry Pool** (Nr. 15), der 1846 die Uniformschneiderei seines Vaters übernahm. Oder **Gieves and Hawkes** (Nr. 1), allerdings »erst« seit rund 90 Jahren eine Institution. Durch die Fenster der Kellerräume sieht man überall Schneider bei der Arbeit.

Das **Apple House** 22 [F3], Nr. 14 Savile Row, war einst das Hauptquartier der Beatles. Vom Dach aus verabschiedeten sich John, Paul, George und Ringo im Jahr 1969 mit dem Song »Let it be« von ihren Fans.

Vorbei an den Galerien für moderne Kunst in der **Cork Street** kommt man in die **Bond Street,** seit

dem 18. Jh. eine feudale Einkaufs-
straße. Sie ist das Zentrum des modernen Mayfair und teilt sich in Old
und New Bond Street.

Das weltbekannte Auktionshaus
Sotheby's (34–35 New Bond Street,
mit Café/Restaurant) wurde im Jahr
1744 von dem englischen Buch-
händler Samuel Baker gegründet,
ging jedoch 1983 in US-amerikani-
sche Hände über.

Händel House Museum 23 [F3]

Das Haus in der Brook Street, in
dem Georg Friedrich Händel über
35 Jahre bis zu seinem Tod 1759 lebte und unter anderem sein Oratori-
um »Der Messias« komponierte, ist
als Museum zugänglich (Di–Sa 10
bis 18, So 12–18, Do bis 20 Uhr,
www.handelhouse.org).

Weniger bekannt ist, dass **Jimi
Hendrix** 1968/69 gleich nebenan im
Haus Nr. 23 wohnte.

Rund um Grosvenor Square

Am **Grosvenor Square** [E3] liegt die
protzige Botschaft der USA, seit
dem 11. Sept. 2001 von Betonblö-
cken abgegrenzt. 2017 wird sie nach
Battersea umziehen, dann soll in
dem von Eero Saarinen entworfenen
Gebäude ein Luxushotel entstehen.
Mächtige Platanen spenden Schatten – selbst im Herzen Londons findet sich erstaunlich viel Grün.

Man durchquert die Grünfläche
hin zu den Restaurants und Läden
der **Mount Street Garden** 24 [E3],
einer stillen Oase mit japanischen
Bäumen und vielen Vögeln. Verlässt

In prächtigem viktorianischen Stil präsentiert sich die Burlington Arcade

man den Park in der South Audley
Street, gelangt man zur **Grosvenor
Chapel** 25 [E3], die während des
Zweiten Weltkriegs als eine Art
Hauskapelle für amerikanische Sol-
daten diente und heute gern von der
Londoner High Society besucht
wird – nicht zuletzt wegen der gu-
ten ❗ kostenlosen Mittags- und
Nachmittagskonzerte, die hier auf-
geführt werden (aktuelle Infos unter
www.grosvenorchapel.org.uk).

Shepherd Market 26 [F4]

Im einstmals ländlichen Mayfair
war der Markt, gegründet um das
Jahr 1735 von einem gewissen Edward Shepherd, ein Dreh- und Angelpunkt von Handel und Wandel.

In den 1970er- und 1980er-Jah-
ren stand die kleine Enklave in dem
zweifelhaften Ruf, Teil des halbsei-
denen Nachtlebens zu sein. Heute
verleihen Kopfsteinpflaster, kleine
Läden, Straßencafés, gediegene
Pubs und Restaurants dem Labyrinth der Gassen viel Charme. Auch
als Kulisse für Popvideos ist
Shepherd Market sehr beliebt.

Shopping

Die Entwicklung des Viertels **St. James's** südlich von Piccadilly war eng an den von Henry VIII ab 1530 in Auftrag gegebenen Palast in Whitehall geknüpft. Ringsum etablierten sich Läden, die v.a. dem Komfort vornehmer Herren der gehobenen Gesellschaft dienten – und daran hat sich bis heute nichts geändert. In der **Jermyn Street** liefert fast jeder »by Royal Appointment« (als königlicher Hoflieferant). Es gibt alles, was Herren von Welt für notwendig erachten:

- Bei **Turnbull & Asser** (Nr. 70) pflegte auch Katherine Hepburn Hemden und Pyjamas zu kaufen.
- Wer bei **Hilditch & Key** (Nr. 73) einen gestreiften Schlafrock erwirbt, macht immer eine gute Figur. **50 Dinge** ㊱ › S. 16.
- Im selben Geschäft verkauft auch **Bates the Hatter** maßgefertige Herrenhüte und -kappen.
- **Floris** (Nr. 89), 1730 vom gleichnamigen Barbier aus Sehnsucht nach den Orangendüften seiner Heimat gegründet, führt exklusive Toilettenartikel, alle im Hause Floris selbst hergestellt.

St. James's Piccadilly 27 [F3]

An der Ecke Jermyn/Church Street liegt ein ummauerter Garten, der zu der hübschen kleinen Kirche von Christopher Wren gehört. Die Gemeinde ist bekannt für ihre klassischen Konzerte.

Auf dem Markt im Innenhof werden Mo 11–17 Uhr Nahrungsmittel feilgeboten, Di 10–18 Uhr Antiquitäten und Mi–Sa 10–18 Uhr Kunsthandwerk (Tel. 020-7734 4551, www.st-james-piccadilly.org).

St. James's Square [F4]

Rund um die Gartenanlage des St. James's Square wohnten im 18. Jh. sieben Herzöge. Während des Zweiten Weltkriegs hatten sowohl Präsident Eisenhower als auch General de Gaulle hier ihre Kommandostellen. Leider überstanden nur die georgianischen Häuser an der Nordseite des Platzes die Bombenangriffe.

Das Gebäude in der nordwestlichen Ecke ist die **London Library** 28 [F4], die beste Bibliothek der Stadt. Der Historiker Thomas Carlyle ärgerte sich einst so sehr über die langsame Bedienung in der British Library, dass er 1841 beschloss, hier eine Alternative zu eröffnen.

Dieser Teil von St. James's hat eine Fülle interessanter Läden, Pubs und Bars, die man selbst entdecken sollte. Klassisch britische Küche findet man im Restaurant **Green's** (36 Duke Street, So geschl., €€).

Pall Mall [F/G4]

Die breite Straße mit den größten (nicht unbedingt besten) Herrenclubs, erhielt ihren Namen nach dem Spiel *Palle-Maille*, einer Kreuzung zwischen Krocket und Golf, das hier gespielt wurde.

Die Clubs hier sind fast alle wie englische Landhäuser gebaut, der **Reform Club** (104 Pall Mall) jedoch ist die viktorianische Kopie eines florentinischen Palazzos. Leere Kassen haben den Club inzwischen dazu bewogen, auch Damen als Mitglieder zuzulassen.

Das berühmte Auktionshaus **Christie's** eröffnete 1766 seine ersten

St. James's Park: grünes Idyll östlich des Buckingham Palace

Auktionsräume in der Pall Mall und zog 1823 nach 8 King Street um.

Von Waterloo Place zum St. James's Park

Die Pall Mall endet im Osten am **Waterloo Place** [G4]. Da Wellington diesen Platz so schätzte, errichtete man ihm eigens Stufen, um ihm das Besteigen seines Pferdes zu erleichtern. Das imposante weiße Gebäude ist das **Athenaeum** (107 Pall Mall), Club der kulturellen Elite des Landes. Über das Duke of York Monument spotteten die Leute, dass es so hoch aufrage, damit seine Gläubiger den Herzog nicht erreichen konnten.

Die eleganten Häuser der **Carlton House Terrace** konzipierte John Nash im 18. Jh. als Stadtresidenzen für Aristokraten.

In der Mitte dieses architektonischen Riegels führen Treppen hinunter zu **The Mall** [F/G4] (sonntags für den Verkehr gesperrt) zwischen Buckingham Palace und **Admiralty Arch** [G4] am Trafalgar Square. Bei Staatsbesuchen wird The Mall mit den jeweiligen Nationalflaggen geschmückt.

Unmittelbar links neben den Treppen liegt das **Institute of Contemporary Arts** 29 [G4] (ICA, Institut für Gegenwartskunst), dessen Buchladen, Kunstgalerie, Bar und Restaurant einen Besuch wert sind. Im Kino werden regelmäßig interessante Avantgardefilme gezeigt, während auf der Bühne des ICA oft hoffnungsvolle Nachwuchstalente gastieren (www.ica.org.uk).

St. James's Park

Der königliche Park mit seinem lang gestreckten See und den weiten Rasenflächen, über die Sumpfzypressen ihren Schatten werfen, ist

Viel besucht, wenn er mal geöffnet ist: der Garten des Buckingham Palace

auch ein Vogelparadies, in dem Enten, Schwäne und Pelikane sich heimisch fühlen, selbst ganz nahe dem populären modernen Café-Restaurant **Inn the Park** (tgl., Tel. 020-7451 9999, €–€€).

Von der **Horse Guards Parade** an der Ostseite des St. James's Park, dem weiten Platz, auf dem die Queen zu ihrem »offiziellen Geburtstag« am zweiten oder dritten Samstag im Juni die prächtige Truppenparade abnimmt, kann man einen Blick auf den Garten von No. 10 Downing Street › **S. 78** werfen.

Cabinet War Rooms 30 [G4]

In die Cabinet War Rooms zog sich Churchill (1874–1965) mit den Ministern während der Luftangriffe im Zweiten Weltkrieg zurück. Da es sich später als zu teuer erwies, den verwinkelten Bunker abzureißen, wurde er innen im Originalzustand belassen und außen mit Efeu bepflanzt.

Das Ticket der Cabinet War Rooms gilt auch für das angeschlossene neue **Churchill Museum,** das das Leben des Staatsmanns porträtiert. Tgl. 9.30–18, Kasse bis 17 Uhr.

Buckingham Palace 31 ⭐ [F4]

Der Buckingham Palace ist eine der drei Staatsresidenzen der Königin. Queen Victoria war die erste Monarchin, die in dem 1702–1705 erbauten Palast wirklich lebte. Er umfasst 12,8 ha Grundfläche, hat 600 Zimmer und 1000 Fenster. Die 13 Privatgemächer von Elizabeth II mit Blick auf Garten und Green Park liegen im Nordflügel.

Wenn die Königin zu Hause ist, weht die königliche Standarte über dem Dach des Buckingham Palace, sonst der britische Union Jack. Dienstagabends um 18.30 Uhr erscheint der Premierminister zur regelmäßigen Audienz.

Alljährlich gewährt die Queen von etwa Ende Juli bis Ende September auch Normalsterblichen Zutritt zu den opulent ausgestatteten Repräsentationsräumen, dem großen Ballsaal und zum Garten. Am Besuchereingang des Buckingham Palace werden im Sommer die Eintrittstickets schon mehrere Wochen im Voraus verkauft (Informationen: Tel. 020-7766 7300, www.royal.gov.uk).

Changing the Guard: Jeden Tag (Mitte Aug.–Mitte April jeden zwei-ten Tag, www.changing-the-guard.com) wird um 11.30 Uhr die berühmte Wachablösung zelebriert. Der Andrang ist groß, daher sollte man früh da sein.

Rund um St. James's Palace 32 [F4]

Den Palast (nicht zugänglich) haben die Royals nie wirklich geschätzt. Heute arbeiten hier viele Angestellte der Krone.

Eine Tür verbindet den Palast mit Prinz Charles' Residenz **Clarence House** 33 [F4], 1835 für den Duke of Clarence (den späteren William IV)

SEITENBLICK

Magnet Königshaus

Andy Warhol soll einmal gesagt haben, er wolle so berühmt werden wie die englische Queen. Hätte er sie zu Lebzeiten kennengelernt, wäre ihm vielleicht aufgefallen, dass er manches mit ihr gemeinsam hat. So nannte er sein Studio in Manhattan »The Factory« – eine ironische Anspielung auf die Industrialisierung der Kunst. Ihre Majestät ist Oberhaupt der »Firma« – eine ironische Anspielung auf die Professionalität des Hauses Windsor.

Die Queen, die im April 2014 88 Jahre alt wurde, ist populärer denn je. Als leuchtendes Beispiel verkörpert sie rar gewordene Eigenschaften wie Pflichtbewusstsein, Disziplin und Reserviertheit. Ihr Festhalten an Routine und Ritualen, sogar ihre Hüte und Handtaschen sind eine nicht zu unterschätzende beruhigende Konstante in von Krisen geschüttelten Zeiten. Selbst Prinz Philip (Jahrgang 1921 und von fragiler Gesundheit) wird inzwischen ebenso geschätzt: als eigenbrötlerischer Querdenker, der sich selbst treu geblieben ist. Zudem nimmt die jüngere Generation der Queen mittlerweile viel Arbeit ab. William und Kate – zuständig für Volksnähe und Modernität – managen ihr neues Leben mit Galaempfängen und Dienstreisen perfekt. So perfekt, daß die oft belächelte Skurrilität von Charles und Camilla plötzlich erfrischend liebenswert und menschlich wirkt. Frühere Skandale und Dramen sind in den Hintergrund geraten. Die Boulevardblätter begnügen sich mit harmlosen Anekdoten, etwa dem Know-how der Queen über die Flugzeuge, die alle paar Minuten über Windsor Castle donnern (»Airbus«, kommentiert sie lapidar, wenn ihre Teetasse zittert). Was sie über den Zustand Großbritanniens oder der Welt denkt: Die Queen wäre nicht die Queen, wenn man das wüsste. Sie sagt wenig, aber sie sieht alles. Ähnlich wie Andy Warhol.

entworfen. Bis zu ihrem Tod bewohnte die Königinmutter den Palast. Traditionell werden Botschafter weiterhin zum »Court of St. James's« akkreditiert. Clarence House ist im August der Öffentlichkeit zugänglich (Mo–Fr 10–18 Uhr, letzter Einlass 15 Uhr. Ein Besuch dauert 60 Minuten, Tickets müssen im Voraus gebucht werden, www.tickets.coyalcollection.org.uk).

Inigo Jones entwarf 1621 die **Queen's Chapel** 34 [F4], heute ein fast vergessener Glanzpunkt der Architektur (zwischen Ostern und Juli bei Sonntagsgottesdiensten um 8.30 und 11.15 Uhr zu besuchen).

In der Nachbarschaft von St. James's Palace errichteten führende Adlige des Landes ihre Stadtpaläste, der Duke of York ließ sich zum Beispiel im 19. Jh. **Lancaster House** 35 [F4] bauen. Heute nutzt es die Regierung für Konferenzen und Empfänge. Frédéric Chopin gab hier ein Klavierkonzert für Queen Victoria.

Auch **Spencer House** 36 [F4] (27 St. James's Place), einst Residenz von Lady Dianas Vorfahren, ist einer dieser aristokratischen Stadtpaläste mit schönem Garten (einstündige Führungen So 10.30–17.45 Uhr, Jan. und Aug. geschl., Änderungen möglich; Tel. 020-7514 1958, www.spencerhouse.co.uk).

Außer zum Besuch von Spencer House verirren sich Touristen selten in die kleine Sackgasse St. James's Place. Aber in der Bar des **Duke's Hotel** (Nr. 35) gibt's den perfekten Martini.

Am Südende der **St. James's Street** fällt es nicht leicht, die distin-guierten Clubs – wie beispielsweise **Whites**, den 1736 gegründeten ältesten Club von London (Nr. 37) – zu finden, denn bei allen Herrenclubs fehlt am Eingang der Name. Absolute Diskretion ist oberstes Gebot.

Shopping

Weit leichter als die Herrenclubs entdecken Sie in die St. James's Street die Geschäfte für Herren, die Qualität zu schätzen wissen:

- Die ehrwürdige Weinhandlung **Berry Brothers & Rudd** (3 St. James's St.).
- Den Hutmacher Lock & Co. (Nr. 5), der den klassischen Bowler Hat und den berühmten Deerstalker erfand, mit dem Sir Arthur Conan Doyle seinen Sherlock Holmes bestückte. Das Geschäft führt seine Tradition bis auf das Jahr 1759 zurück.
- Bei **Lobb's** (Nr. 9) werden Schuhe von Hand gefertigt. Qualität hat ihren Preis, aber dafür gilt die Garantie dann auch zehn Jahre.
- Die Drogerie **D. R. Harris & Co** (Nr. 29) führt ein hauseigenes »Pick Me Up«, ein Wundermittel, das über den Kater hinweghilft.

Green Park [F4]

Die Rasenflächen des nahen Green Park gehörten zum Jagdrevier von Henry VIII. Heute sieht man hier jede Menge Spaziergänger und sogar joggende Filmstars, die in einem der benachbarten Hotels abgestiegen sind. Eine große Allee führt zur Piccadilly und endet am noblen **Hotel Ritz** › S. 36. Zum Afternoon Tea › S. 44 im Palm Court des Ritz sollte man einen Tisch reservieren (150 Piccadilly, Tel. 020-7300 2345, €€).

Marylebone und Regent's Park

Verlauf: Oxford Street › St. Christopher's Place › Marylebone Lane und Marylebone High Street › Madame Tussauds › Regent's Park › London Zoo › Portland Place

Karte: Seite 90
Dauer: Gehzeit 2–3 Std.
Praktische Hinweise:

• Ausgehend von der Ⓤ Bond Street in der Oxford Street eignet sich der Spaziergang vor allem für trockene Tage, will man den Regent's Park und eine Bootstour auf dem Regent's Canal wirklich genießen. Allerdings finden die Aufführungen im Open Air Theatre selbst bei Regen statt.

• Marylebone ist werktags besonders lebendig, Madame Tussauds immer voll, daher Tickets vorab besorgen › S. 91.

• Endpunkt ist die Ⓤ Great Portland Street.

Tour-Start: Bunte Vielfalt in Marylebone

Inmitten der internationalen Shoppingwelt der Oxford Street beginnt der Spaziergang an der Ⓤ Bond Street – in Sichtweite des großartigen Kaufhauses **Selfridges** › S. 50. Zugleich sind es nur wenige Minuten, ehe man eintaucht in die private Atmosphäre von Marylebone in der kleinen Fußgängerzone **St. Christopher's Place** `37` [E3] mit ihren Cafés, Modeläden und kleinen individuellen Geschäften.

Überquert man die Wigmore Street › S. 91, eine der zentralen Arterien des Viertels, entdeckt man in der **Marylebone Lane** den Knopfladen **The Button Queen** (Nr. 76) sowie auf Nr. 35 eine andere Institution: den winzigen Sandwichladen von **Paul Rothe & Son,** der bereits in der vierten Generation »English and Foreign Provisions« verkauft.

Auch die **High Street** `38` [E2] macht Laune auf einen Bummel. Zwischen den modischen Neuankömmlingen besteht noch eine Reihe von alteingesessenen, wirklich nützlichen Läden – dies ist im Zentrum von London nicht immer selbstverständlich.

Der **Farmers' Market** `39` [E2] (Ecke Moxon und Cramer Street, So

Ein Delikatessengeschäft der besonderen Art: Paul Rothe & Son

morgens) bezaubert mit seinen Ständen duftender Rosen frisch vom Land. Der **Fischhändler** (Nr. 89) ist schon lange da, der Buchladen **Daunt** (Nr. 83) einer der schönsten der Stadt. In der **Patisserie Le Pain Quotidien** (Nr. 72) gönnt sich ein schick gestyltes Publikum Croissants und Cappuccino, während der **Conran Shop** (Nr. 55) das Neueste in Sachen Design präsentiert.

Der kleine Park neben der **St. Marylebone Parish Church** 40 [E2] stammt noch aus dem 18. Jh. Die Ursprünge von Marylebone reichen bis ins Mittelalter zurück – lange war es ein von Feldern umgebenes, unbedeutendes Dorf am Rande Londons geblieben.

Überquert man die von Lärm umtoste Marylebone Road, ist man auch schon bei **Madame Tussauds** 41 [E2]. Neben den Wachsfiguren aus Geschichte, Politik und Showbusiness unterhält eine Fahrt auf Schienenwägelchen durch die Ausstellung »Spirit of London« mit Stationen der Stadthistorie im Zeitraffer (tgl. 9.30 bis 17.30 Uhr,

in Ferienzeiten 9–18 Uhr, www. madametussauds.com).

TICKETS für Madame Tussauds sollte man vorab im British Visitor Centre besorgen oder online buchen, um Schlangestehen zu vermeiden.

Regent's Park ⭐

Nach dem ohrenbetäubenden Verkehrslärm der Marylebone Road genießt man im Regent's Park (Eingang York Terrace) friedliche Ruhe.

SEITENBLICK

Abseits der Tour

In **Wigmore Hall** [E3], 36 Wigmore St., finden regelmäßig hörenswerte Kammerkonzerte statt. Infos: www. wigmore-hall.org.uk.

Den Abstecher zum Manchester Square lohnt die **Wallace Collection** 42 [E2]: eine Sammlung für Malerei und Kunsthandwerk des 17. und 18. Jhs., darunter Möbel aus der Zeit der Renaissance und Sèvres-Porzellan **50 Dinge** ㉟ › S. 16 (tgl. 10 bis 17 Uhr, Eintritt frei; www.wallace collection.org).

Eine kulinarische Ergänzung bietet das französisch angehauchte Restaurant **The Wallace** mit herrlichen Plätzen im Freien (Reservierungs-Tel. 020-7563 9505, tgl. 10–16.30, Fr, Sa Dinner ab 18 Uhr, €€).

In 221b Baker Street sind im **Sherlock Holmes Museum** 43 [E2] nahe Clarence Gate am Regent's Park die nachgebildeten Räume des Meisterdetektivs zu besichtigen (tgl. 9.30–18 Uhr, www.sherlock-holmes.co.uk).

Tour in Marylebone

Tour ③
Marylebone und Regent's Park

Regent's Park, zauberhaftes Idyll in der Hektik der Metropole

Bei gutem Wetter bieten sich Szenen, die an Filme von Jean Renoir erinnern: flirtende Paare, Eltern in Eintracht (oder Zwietracht) mit ihren Kindern, ältere Herrschaften, die auf den Liegestühlen ein Nickerchen halten. In einigen Teilen des Parks kann man Boot fahren und – auf den großen Rasenflächen in Richtung Zoo – Softball spielen oder anderen Sport treiben.

Bei Sonnenuntergang leuchten über den Bäumen am Westrand des Parks das Minarett und die goldene Kuppel der **Moschee,** das Hauptgebetshaus der stetig wachsenden islamischen Gemeinde Londons.

Das Herz des Parks ist der **Queen Mary's Rose Garden** 44 [E1] mit bis zu 150 Jahre alten Rosenstöcken aller in England gezüchteten Sorten. In den Blütemonaten Juni und Juli füllt ein Potpourri betörender Düfte die Sommerluft. Pergolen, Eibenhecken, lauschige Nischen und Bänke tragen zum Zauber dieser romantischen Enklave bei.

Schon Vivien Leigh trat im **Open Air Theatre** 45 [E1] des Parks auf, wo in den Sommermonaten vornehmlich Shakespeare aufgeführt wird. Vielleicht genügen die Vorstellungen künstlerisch nicht immer allerhöchsten Ansprüchen, die Stimmung aber ist idyllisch. Sogar bei Regen. Tel. 0844-826 4242, Karten ab £ 25.

Ein schöner Weg nach Norden – oder vom Zoo zurück – ist der **Broad Walk,** eine schattige, mit Springbrunnen und Statuen gestaltete Allee, die den ganzen Park durchzieht und im Süden an den Park Square Gardens endet.

Regent's Canal

John Nash betrachtete den Regent's Canal, der ab 1820 die Verbindung zum Grand Junction Canal war, als eine Attraktion des Parks. Zerbrechliche Güter wie Porzellanwaren, aber auch Kohle gelangten auf dem Kanal nach London. Die Aristokraten allerdings wünschten sich keine kohlenstaubigen Kanal-schiffer in ihrem Blickfeld … Heute tuckern bunte Originalboote fahrplanmäßig vom pittoresken Stadtteil Little Venice bis zur Schleuse Camden Lock im Stadtteil Camden. (Anlegestelle beim Zoo, Boote im Sommer tgl. im Stundenrhythmus, im Winter nur Sa, So, www.london waterbus.co.uk).

London Zoo 46 [E1]

Zwei Wege umrunden den traditionsreichen und beliebten Zoo im Nordteil des Regent's Park. Interessant ist der Glaspavillon »London Zoo Web of Life«, wo man Lebensformen von Kleinstlebewesen wie z. B. Bakterien zeigt.

Als neue Attraktionen locken Spaziergänge durch ein restauriertes viktorianisches Glashaus voller tropischer Vögel sowie der **Clore Forest Lookout** im Kronenstockwerk eines südamerikanischen Regenwaldes. März–Okt. tgl. 10 bis 17.30, sonst tgl. 10–16 Uhr, www.zsl.org/zsl-london-zoo.

Park Crescent 47 [F2]– Portland Place

Schon den Ostrand des Regent's Park begleiten »Reihenhäuser« der edelsten Art, die sogenannten **Nash Terraces** vom Anfang des 19. Jhs.

Geradezu theatralisch aber gestaltete Nash 1821 die sichelförmige, weiße Häuserzeile am **Park Crescent** mit ionischen Kolonnaden, die die Antike eindrucksvoll zitieren. **Portland Place** ist alles andere als ein Platz. Vielmehr entwarfen die Brüder Robert und James Adams 1773 einen Boulevard, des-

---

Geplatzte Herrscherträume

Die Baugeschichte kennt die kurze Epoche von 1810 bis 1830 als »Regency«, benannt nach der Regierungszeit des Prinzregenten, der als George IV im Jahr 1820 den Thron bestieg. Auch wenn von seinen Plänen nur ein Bruchteil verwirklicht wurde, prägte der führende Architekt der Zeit, **John Nash** (1752 bis 1835), mit seinem klassizistisch orientierten, doch gleichzeitig leichten Stil einen erheblichen Teil des Londoner Stadtbildes. Durch ehrgeizige »urbane Verbesserungen« wollte der Prinzregent seine Hauptstadt, die er für viel zu provinziell hielt, ebenso aufregend wie andere Metropolen gestalten. Nash erhielt den Auftrag, mitten im Regent's Park eine Gartenstadt für aristokratische Freunde und natürlich den Regenten selbst zu entwerfen. Beiden schwebte eine Art Gartenstadt mit 56 Villen in verschiedenen Architekturstilen und einem Lustschlösschen für den Prinzregenten vor. Doch wurden nur acht »Landsitze« innerhalb des Parks realisiert; drei stehen am Rand des Inner Circle, der ursprünglich einen Hügel umschloss. Nash wollte darauf eine Art »National Valhalla« bauen, aus der dann auch nichts wurde – hatte doch der Prinzregent als berüchtigter Lebemann die königliche Schatulle nach dem Verlust der amerikanischen Kolonien und der harten Zeit der Napoleonischen Kriege überstrapaziert.

sen ursprüngliche Bebauung fast völlig verschwunden ist, während die 1930er-Jahre dem Straßenzug ihren Stempel aufdrückten.

Das **Royal Institute of Architecture** (RIBA, 66 Portland Place) hat einen sehr guten Buchladen. Das **RIBA Café und Restaurant** auf der ersten Etage ist ein beliebter Treffpunkt sowohl bei Architekten als auch bei Besuchern. (Restaurant €–€€, Mo–Fr 12–17 Uhr, Café Mo bis Fr 8–18 Uhr, Café-Bar im Erdgeschoss; www.architecture.com).

Markt, Museum, Multikulti

Verlauf: Covent Garden › Bloomsbury › British Museum › Fitzrovia › Soho

Karte: Seite 99
Dauer: Gehzeit ca. 3 Std.
Praktische Hinweise:
• An der Ⓤ Covent Garden startet man mitten im Geschehen des lebendigen Theaterviertels, wo in den Abendstunden Hochbetrieb herrscht. Wer sich für diese Zeit entscheidet, wird Fr auch im British Museum einige Sammlungen bis 20.30 Uhr durchstreifen können.
• Die Tour endet an der Ⓤ Oxford Circus

Tour-Start: Covent Garden Market 48 ⭐ [G3]

Der Covent Garden Market war eigentlich ein »Convent Garden«: Im Mittelalter befand sich hier der Obst- und Gemüsegarten eines Klosters. Inigo Jones legte 1631 neben dem bereits bestehenden Markt einen Platz an, den er nach der Piazza von Livorno in Italien gestaltete: das erste Beispiel einer Renaissanceplanung in England. Als Teil des stimmigen Ensembles platzierte er die **St. Paul's Church** an der Westseite, wo Gedenktafeln – u. a. für Vivian Leigh und Charlie Chaplin – die Schauspielerwelt in Erinnerung rufen. Für viele im Viertel ist St. Paul's *The Actors' Church* (»die Schauspielerkirche«).

1974 wurde der ursprüngliche Gemüse- und Blumenmarkt verlegt und das Gebiet Covent Garden saniert. Statt die alte **viktorianische Markthalle** abzureißen, brachte man darin viele kleine Läden und Cafés unter. Ob Naturkosmetik, schräge Accessoires oder die neuesten Bestseller – das Angebot ist ansprechend bunt und vielfältig.

Eine ebenso farbige Mischung aus Pubs, Theatern, Fotostudios und trendigen Restaurants in der direkten Nachbarschaft, dazu die Clowns, Akrobaten und Musiker sowie der Antikmarkt an der Südseite (Mo 5–16 Uhr), machen Covent Garden trotz des künstlich produzierten malerischen Bildes nicht umsonst zu einem populären Anziehungspunkt für Touristen.

London Transport Museum 49 [G3]

Besonders Kinder lieben dieses Museum, das die Geschichte der öffentlichen Verkehrsmittel Londons und ihre Bedeutung für die Stadt veranschaulicht. Neben der Nachbildung des ersten Omnibusses von 1829 gehören Straßenbahnen, Feuerwehrautos und Eisenbahnwagen aus dem 19. Jh. zu den aufregendsten Stücken in den Hallen des alten Blumenmarktes (39 Wellington St., Sa–Do 10–18 Uhr, Fr 11–18 Uhr, letzter Einlass 17.15 Uhr, www.ltmuseum.co.uk). Wunderbar, um nach Souvenirs zu schauen, ist der Museumsladen.

Ein Tipp für heiße Sommertage ist die **Eisdiele Gelatorino** ganz in der Nähe (2 Russell St., Mo–Do, So 11–20, Fr, Sa 11–23 Uhr).

Somerset House

 [G3]

Verehrer der impressionistischen und postimpressionistischen Malerei sollten die **Courtauld Gallery** im Somerset House (18. Jh.) besuchen. Glanzlichter der Sammlung sind u. a. Arbeiten von Degas, Monet, Renoir, Gauguin und van Gogh. Es gibt ferner eine Abteilung mit Werken der frühen Renaissance. Die **Gilbert Collection** präsentiert Kostbarkeiten aus Gold und Silber, die der Sammler Sir Arthur Gilbert zusammentrug. In den **Heritage Rooms** glänzen Kunstschätze von Katharina der Großen (Kombitickets für die Ausstellungen; tgl. 10 bis 18 Uhr, letzter Einlass 17.15 Uhr, www.somerset-house.org.uk).

Als Open-Air-Kino präsentiert sich der Innenhof von Somerset House meist im August (Infos: Tel. 020-7845 4600), im Winter wird er zur **Eisbahn.**

Covent Garden Market

Royal Opera House 51 [G3]

Die Konstellation eines Opernhauses neben einem betriebsamen Markt lieferte G. B. Shaw im Jahr 1913 die Idee für sein Stück »Pygmalion«, auf dem das Erfolgsmusical »My Fair Lady« basiert. Obwohl der alte Markt nicht mehr existiert, ist die Royal Opera ein unverändert wichtiger gesellschaftlicher Treffpunkt. Seit 1859 agieren Ballett- und Opernstars auf der Bühne des Royal Opera House, wo Gustav Mahler die erste britische Aufführung von Wagners »Ring des Nibelungen« dirigierte. Die Oper hat heute eine verbesserte Bühnentechnik, einen größeren Zuschauerraum und ein neues Foyer in der **Floral Hall.** Diese ist tagsüber für Besichtigungen geöffnet.

Montags finden Mittagskonzerte im **Crush Room Restaurant** statt. Tickets sind kostenlos, müssen aber vorab online reserviert werden. Weitere Ticketinfos › S. 27, www. roh.org.uk.

Bei Bedarf für Landkarten und Reiseliteratur lohnt sich der Abstecher zu **Stanfords** (12–14 Long Acre, www.stanfords.co.uk).

Die kleine **Neal Street** trumpft mit Straßencafés und kleinen schmucken Läden auf: **Tabio** (No. 66) führt Socken und hippe Strümpfe, im Lokal **Belgo Centraal** um die Ecke (50 Earlham St., tgl., €€) gibt es belgische Muscheln und Post-Punk-Design.

Neal's Yard 52 [G3] ist ein Paradies für Liebhaber alternativer Lebensformen. In dem malerischen, mit Bäumen und Blumen bepflanzten Innenhof findet man u. a. **Neal's Yard Remedies** (Naturkosmetik und Homöopathie) und **Neal's Yard Dairy** mit einer großen Auswahl an britischem Käse.

Bloomsbury

Nördlich der Oper gelegen, steht Bloomsbury fast synonym für das British Museum und die größte Universität des Vereinigten Königreichs. Nach diesem Stadtteil benannte sich auch die **Bloomsbury Group** von Künstlern und Intellektuellen um Virginia Woolf › S. 98.

Ungewöhnlich wirkt der gestufte Kirchturm von **St. George's Bloomsbury** 53 [G2], für den sich Nicholas Hawksmoor das Grabmal von König Mausolos in Halikarnassos (Kleinasien) zum Vorbild nahm.

Ein paar Schritte über den Bury Place, und man gelangt ins Herz von Bloomsbury, dem von Bäumen bestandenen **Bloomsbury Square** 54 [G2]. In diesem Bezirk lohnt sich ein Blick in jede Seitenstraße, so wirkt z. B. der hübsche Platz in der Fußgängerzone **Pied Bull Yard** (beim Bury Place) im Sommer außerordentlich einladend.

Aus dem späten 18. Jh. stammt Robert Adams Entwurf für den **Bedford Square** (westlich des British Museum). Mit seinen elegant proportionierten Häusern aus dunklem Backstein um ein baumbestandenes grünes Oval zählt er zu den besterhaltenen georgianischen Plätzen.

In Bloomsbury sind zahlreiche Verlage tätig. Auf Antiquarisches haben sich gute Buchläden in der **Museum Street** spezialisiert.

British Museum 55 ⭐ [G2]

Dieses Schatzhaus der Nation für Archäologie und Ethnographie wurde 1753 gegründet, nachdem der Arzt und Sammler Dr. Hans Sloane seine gesamte Kollektion der Nation vermacht hatte. Die Sammlungen wuchsen zu ungeheurer Vielfalt und Reichhaltigkeit, sodass sich hier fast die gesamte Kulturgeschichte der Menschheit (mit Ausnahme des amerikanischen Doppelkontinents) nachvollziehen lässt. Das Gebäude selbst ist ein neoklassizistisches Meisterstück des Architekten Robert Smirke.

Zu den bekanntesten Attraktionen gehören die **Elgin Marbles** der Akropolis, die der Botschafter Lord

Der Weg ins British Museum führt durch einen mächtigen Säulenvorbau

Elgin zu Beginn des 19. Jhs. nach London entführte. Die britische Regierung kaufte sie offiziell, doch die griechische Regierung hält an ihrem Anspruch auf Rückerstattung fest. Die Liste der Schätze ließe sich fortsetzen mit der 2000 Jahre alten Moorleiche des »Lindow-Man« und der einzigartigen Sammlung archäologischer Funde aus Assyrien, Persien, Griechenland und dem Römischen Reich. Ein besonders kostbarer Besitz des Museums ist neben den ägyptischen Mumien und Kunstwerken auch der »Stein von Rosetta«, der es ermöglichte, die ägyptischen Hieroglyphen zu entziffern.

Ein wichtiger Teil des Museums war die **British Library** – der runde Hauptlesesaal des Museums mit einer 50 m hohen Kuppel, in dem Karl Marx sein Hauptwerk »Das Kapital« schrieb. Die Library ist in einen Neubau in 96 Euston Road gezogen. Damit endete eine über 300 Jahre alte Tradition. In dem von Architekt Sir Norman Foster entworfenen Innenhof, dem **Queen Elizabeth II Great Court,** dominiert leider nun der Kommerz mit zu vielen Läden und einem wenig niveauvollen Café (tgl. 10–17.30, Fr bis 20.30 Uhr, Eintritt frei, www.british museum.org).

Abseits der Tour

Charles Dickens Museum [H2]

Von 1837 bis 1839 arbeitete der Autor in diesem Haus an »Nicholas Nickleby«, »Oliver Twist« und »The Pickwick Papers« (48 Doughty Street, tgl. 10–17, letzter Einlass 16 Uhr, www.dickensmuseum.com).

Unerlässlich für die Orientierung in der Fülle der Sammlungen ist der Museumsplan, den man an den Eingängen bekommt. Rucksäcke und Gepäck müssen in der Garderobe am Nordeingang (Montague Place) abgegeben werden.

Zwischenstopp: Restaurants

Energie auftanken kann man täglich in der hübsch eingerichteten **Coffee Gallery** ❶, 23 Museum St., oder in der japanischen Nudelbar **Wagamama** ❷ (€), Parnell House, 4A Streatham St.

Fitzrovia

Von Anfang des 20. Jhs. bis zum Zweiten Weltkrieg zog die Künstler-Bohème nach Fitzrovia – neben den niedrigen Mieten wusste sie die hellen Ateliers und das preiswerte Bier zu schätzen. Aber als gute Adresse für etablierte Künstler galt der Bezirk nicht, eher als Hafen für Exzentriker. Das Anziehende ist der Dorfcharakter, den sich die Gegend bewahren konnte; anders als Covent Garden und Teile von Soho ist dies kein Tummelplatz für Touristen. Die nachbarschaftliche Solidarität unter den ca. 6500 Einwohnern schließt die Einwanderer aus Italien und Griechenland mit ein, die mediterranes Leben nach Fitzrovia brachten. Die **Charlotte Street** mit ihren Feinkostläden, Restaurants und Pubs in versteckten kleinen Passagen ist ein einziger Genuss.

Kleine und große Kinder werden im **Pollock's Toy Museum** 56 [F2] ihre Freude an viktorianischen Puppenhäusern, Teddybären und Spielen aus aller Welt haben. Allerdings hat das Museum finanzielle Probleme und könnte schließen bzw. umziehen (1 Scala St., W1, Mo–Sa 10 bis

Die Bloomsbury Group

Die gleichnamige Intellektuellengruppe fand sich 1890 in Cambridge zusammen, als Leonard Woolf, Lytton Strachey und Roger Fry Studentenfreundschaften schlossen. Später machten sie mit neuen Freunden als Philosophen, Maler und Schriftsteller das Viertel Bloomsbury zur Hochburg künstlerischer, insbesondere literarischer Avantgarde. Gemeinsames Ziel der Gruppe war, die starren Konventionen der Zeit aufzubrechen. Virginia Woolf (1882–1941) und ihre Schwester Vanessa Bell (1887–1961) übernahmen dabei eine führende Rolle. Nach dem Tod der Eltern waren die vier Kinder 1904 aus dem teuren Kensington nach Bloomsbury an den Gordon Square gezogen. Hier führten sie Donnerstagabends endlose Diskussionen über gesellschaftliche Zustände und die Künste mit ihren Freunden. 1911 wohnten sie am Brunswick Square, ein Jahr später heiratete Virginia Leonard Woolf, mit dem sie zeitweise in Richmond und in Rodmell (East Sussex) lebte, dann aber 1924 an den Tavistock Square in Bloomsbury zurückkehrte, weil sie das städtische Leben vermisste. Ihre letzte Adresse im Viertel war ein Haus am Mecklenburg Square, das 1940 fast völlig zerbombt wurde. Die letzte gemeinsame Zeit hatte das Paar auf dem Land im Monk's House in Rodmell verbracht.

17 Uhr, Einlass bis 16.30 Uhr, www.
pollockstoymuseum.com).

20.30 Uhr; Sa, So 8–9.30, 12.30 bis
13.30, 19–20.30 Uhr.

Zwischenstopp: Restaurant

Wo die Charlotte Street nordwärts in
die Fitzroy Street übergeht, findet man
authentische und preiswerte Küche in
der **Kantine des indischen YMCA** ❸
(€), 41 Fitzroy Sq. Offen für jedermann.
Mo–Fr 7.30–9.15, 12–14, 19 bis

In den meisten Häusern um den
Fitzroy Square sind heute Büros; wer
früher hier gewohnt hat, zeigen Pla-
ketten an den Fassaden. **50 Dinge** ㉛
› S. 15 Weit über den Charlotte Place
hinaus wirft der 180 m hohe **Telecom Tower** 57 **[F2]** seinen Schatten.

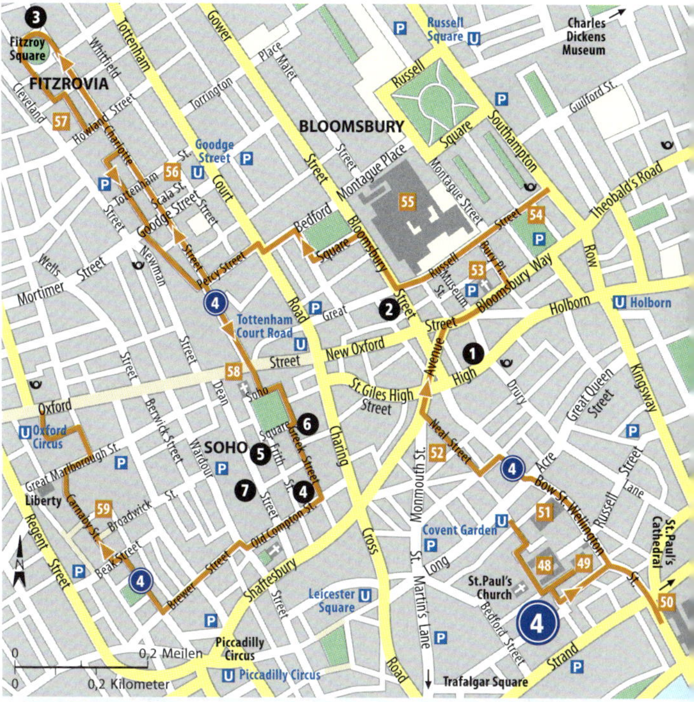

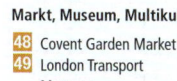

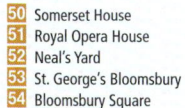

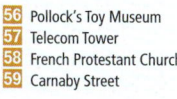

Tour in Covent Garden, Bloomsbury und Soho

Tour ❹

Markt, Museum, Multikulti

48 Covent Garden Market
49 London Transport
   Museum

50 Somerset House
51 Royal Opera House
52 Neal's Yard
53 St. George's Bloomsbury
54 Bloomsbury Square
55 British Museum

56 Pollock's Toy Museum
57 Telecom Tower
58 French Protestant Church
59 Carnaby Street

Ein Ständchen vor den großen Kinos und Discos am Leicester Square

Soho

Bummeln Sie vom Fitzroy Square zurück zur Oxford Street, die eine Art Grenze zwischen Fitzrovia und Soho markiert. Dass Soho ein Brennpunkt des Nachtlebens und der Londoner Gay-Szene ist, entspricht ganz der Tradition: Bloomsbury, so heißt es, nährt schon immer den Kopf und Soho die Sinne.

Nightlife

- Bis 1 Uhr früh oder oft auch länger geöffnet bleiben Clubs wie **Mark's Bar** (60–70 Brewer St., im Souterrain des Restaurants Hix) oder **Honey** (61 Poland St.).
- Seit seiner Gründung in den 1950er-Jahren besitzt **Ronnie Scott's** das Renommée eines niveauvollen Jazzclubs mit Interpreten von Weltrang und auch jungen Talenten. Der musikalische Genuss lässt sich auch mit einem Abendessen verbinden.
- 47 Frith St. | Tel. 020-7439 0747 www.ronniescotts.co.uk

Rund um Soho Square [G3]

Auf die vielen Platanen und die Grünanlage mitten auf dem verträumten Soho Square sind die Londoner besonders stolz. Hier erinnert die **French Protestant Church** 58 [G3] daran, dass Soho seit der Zeit der Hugenotten erste Anlaufstelle für Einwanderer vom Kontinent war. Dieser Einfluss erklärt die Existenz der vielen Delikatessenläden und guten Restaurants.

Die Stammkunden (viele junge Intellektuelle) des nahen **Maison Bertaux**, schwören auf dessen feine Croissants. Immerhin ist das Geschäft eine Institution seit 1871 (28 Greek St., tgl., €).

Zwischenstopp: Restaurants

- Viele Bars in Soho sind Imitationen der Kultstätte **Bar Italia** 4 (22 Frith St., tgl.) mit ihrer Zinntheke.
- **Quo Vadis** 5 (26–29 Dean St., So geschl., €€€) offeriert beste internationale Küche.

- Im **Gay Hussar** ❻ (2 Greek St., So geschl., €€) lassen sich häufig auch Politiker die eingelegten Heringe und andere ungarische Spezialitäten schmecken.
- Ein beliebter Treffpunkt zum Nachmittagstee ist das schicke Hotel **Dean Street Townhouse** ❼ (69–71 Dean St., €€).

Old Compton Street [G3]

Die Old Compton Street ist Sohos High Street, die Adresse traditioneller kleiner Läden (die leider immer mehr von gierigen Grundstücksmaklern verdrängt werden) sowie vieler Cafés und Bars. Internationale Presse findet man bei **Compton News** (Nr. 48), die **Algerian Coffee Stores** (Nr. 52) überraschen mit einer überwältigenden Auswahl an Kaffee- und Teesorten.

Im **Haus Nr. 20** logierte im Jahr 1763 Mozarts Vater und warb für das erste Konzert seines Sohnes.

Brewer Street [F3]

Man betritt diese Straße mit gemischten Gefühlen, denn längst sind die Bäcker, Fleischer und Fischhändler des Viertels verdrängt worden. Nur der italienische Delikatessenladen **Lina Stores** (Nr. 18) hat überlebt, Travestierevuen wie **Madame Jo Jo's** (Nr. 8) haben die Oberhand gewonnen. Soho verkörpert bis heute eine Mischung von amüsant bis abstoßend, manchmal sogar geheimnisvoll.

Auf dem farbenfrohen **Berwick Street Market** decken sich Hausfrauen mit Obst und Gemüse ein. Die besten Schnäppchen ergattern sie zum halben Preis, kurz bevor abends die Müllabfuhr kommt (Mo–Sa 8–18 Uhr).

Carnaby Street 59 [F3]

Die einst legendäre Carnaby Street wird heute als West Soho vermarktet, ein trauriges Überbleibsel der Swinging Sixties. Die Zeiten, als Peter Sellers, Marianne Faithfull und Mick Jagger hier flanierten und blumengemusterte Hemden oder Häkelkleider kauften, sind lange vorbei. Nun verscherbeln Geschäfte in der Fußgängerzone billige Lederjacken und Polizeihelme aus Plastik. Dazwischen haben Modeboutiquen von mittelmäßigem Niveau eröffnet, um der Carnaby Street zu neuer »Coolness« zu verhelfen. Dennoch lebt die Straße weiter vom Mythos ihrer Vergangenheit.

SEITENBLICK

Liberty [F3]

Die Carnaby Street endet an der Great Marlborough Street, fast unmittelbar neben dem Kaufhaus Liberty S. 50 von 1875, das die so gänzlich andere Welt des Großbürgertums verkörpert. Lange in Familienbesitz, gehört es heute zum Unternehmen NWB. Geblieben sind das Interieur mit dem Gebälk im Tudorstil, die exquisite Stoffabteilung mit handbedruckten »Liberty Prints«, die auf Designs von William Morris und Künstlern des Arts and Crafts Movement im 19. Jh. zurückgehen, sowie ein rundum erlesenes Sortiment der Bereiche Parfümerie, Mode und Interior Design. › Abb. S. 67

KENSINGTON & CHELSEA

Kleine Inspiration

- **Die Morgenstimmung** im Hyde Park oder in den Kensington Gardens genießen. › S. 104/105
- **Am Duke of York Square** in der King's Road in einem Café sitzen und Leute beobachten. › S. 114
- **Sich bei Schuhzar Manolo Blahník** in den Ausverkauf stürzen. › S. 115
- **Den Blick** von der Royal Avenue zum Chelsea Royal Hospital bewundern. › S. 118

**Hyde Park und Kensington Gardens, edles Shopping
in Knightsbridge oder Chelsea, das Museumsquartier
von South Kensington, der Ethnomix in Notting Hill –
markante Facetten der Themsestadt.**

Im Royal Borough of Kensington &
Chelsea bilden Hyde Park und Kensington Gardens die grüne Lunge
der Stadt. Das uralte »Manor of
Hyde« gehörte zum Grundbesitz
der Westminster Abbey, bevor Henry VIII es konfiszierte. Und noch
im 17. Jh. jagten hier die Tudorkö-
nige. Als James I den Hyde Park für
die Allgemeinheit öffnete, verlus-
tierte sich im weitläufigen Grün die
gute Gesellschaft. Der Krone gehört
der größte Londoner Stadtpark bis
heute: 2 km lang und 900 m breit.

Der Charme der Portobello Road

In Knightsbridge locken zwei
große Kaufhäuser und ringsum eine
Welt, in der sich die junge Szene bei
japanischen Designern einkleidet
und sich in schicken Bars und Cafés
von den Strapazen des Einkaufs er-
holt. Teil dieses Viertels ist auch der
geradezu gigantische, von Prinz
Albert initiierte Museumskomplex
an der Cromwell Road.

In Chelsea waren Henry VIII
und sein zeitweiliger Lordkanzler
und Kontrahent, der Humanist Sir
Thomas Moore (Morus), die ersten
Persönlichkeiten von Rang, die sich
in dem alten Fischerdörfchen an der
Themse ein Landhaus bauen ließen.
Im 19. Jh. machte hier eine Kolonie
wohlhabender und auch umstritte-
ner Künstler und Intellektueller von

Kensington Gardens mit Blick auf die
Royal Albert Hall

sich reden, darunter Th. Carlyle,
D. G. Rossetti, George Eliot, James
McNeill Whistler und Oscar Wilde.
In den Swinging Sixties gingen von
Chelsea die stärksten innovativen
Impulse aus, später paradierten
Punks über die King's Road.

Der Szenenwechsel zur Gegenwart könnte kaum krasser sein:
Heute leben in Chelsea vor allem
respektable Bürger. Die King's Road
ist – trotz der vielen stereotypen Ladenketten – immer noch eine amü-
sante Shoppingmeile.

Der Stadtteil Notting Hill hat
mindestens drei Attraktionen zu
bieten: den Trödel- und Antikmarkt
auf der Portobello Road, die quirlige, afro-karibische Szene sowie
vielerlei modische Läden und Cafés.
Nur einen Steinwurf entfernt liegt
das stille Idyll des Holland Park.

Touren in Kensington & Chelsea

Tour 5 Hyde Park und Kensington Gardens ⭐

Verlauf: Hyde Park › Marble Arch › Kensington Palace › Royal Albert Hall › Apsley House

Karte: Seite 106
Dauer: Gehzeit 2 Std.
Praktische Hinweise:

- Die Ⓤ Marble Arch ist ein idealer Ausgangspunkt für einen erholsamen Spaziergang durch das weite Grün des Hyde Park und der Kensington Gardens, wo die Stimmung am frühen Morgen oder gegen Abend am schönsten ist.
- Für eine Rast bieten sich nicht nur die vielen Bänke, Liegestühle und Wiesen an, sondern im Sommer auch das Café im künstlerisch gestalteten Pavillon der Serpentine Gallery.
- An der Hyde Park Corner verlässt man den Park wieder.
- Der Kensington Palace schließt je nach Jahreszeit um 16 bzw. 17 Uhr.

Tour-Start: Hyde Park

In der Unterführung der U-Bahn folgt man den Ausgängen 4 oder 8 und steht kurz darauf im Hyde Park an der **Speakers' Corner** **1** [E3].

Die Rednerecke ist ein typisches Resultat britischer Demokratie. 1872 erließ das Parlament ein Gesetz, das Versammlungen und freie Meinungsäußerung erlaubte. Seitdem philosophieren hier sonntags Exzentriker und religiöse Fanatiker über die Verbesserung der Welt, und die Polizei behält sie diskret im Auge.

Interessenten treffen sich jeden ersten Sonntag im Monat um 11 Uhr im **Speakers' Corner Café** zum »**Peace Walk**«. Ihr Ziel ist es, eine Stunde lang meditativ den Park zu erleben, denn während des Spaziergangs darf nicht gesprochen werden.

Marble Arch **2** [E3]

Der mächtige Torbogen im Norden der Speakers' Corner wurde 1827 von John Nash als Haupteingang zum Buckingham Palace entworfen. Nur hatte der Architekt versäumt, die Breite der königlichen Karossen auszumessen. Der Mittelbogen erwies sich als zu schmal für die

> **SEITENBLICK**
>
> ### Abseits der Tour
> **Tyburn Convent** [D3] (gegr. 1901) ist eine stille Oase. Wie der Marble Arch steht das kleine Benediktinerinnenkloster auf dem Gelände der einst noch außerhalb der Stadt gelegenen königlichen Hinrichtungsstätte, wo auch katholische Märtyrer im Zuge der Reformation den Tod fanden. Aktuelle Besucherzeiten am besten telefonisch erfragen (8 Hyde Park Place, Tel. 020-7723 7262, www.tyburnconvent.org.uk).

Durchfahrt und wurde 1851 an seinen jetzigen Standort transportiert, der vom 12. bis 18. Jh. eine öffentliche Hinrichtungsstätte war. Heute braust der Verkehr um den Marble Arch. Nur die Queen darf, falls es ihr beliebt, durch den Bogen hindurchfahren.

The Serpentine

Auf der Nordseite des Parks geht es in westlicher Richtung den Reitweg entlang. Bei **The Fountains,** einer Brunnenanlage italienischen Stils, beginnt **The Serpentine.** Queen Caroline, Gemahlin von George II, ließ 1730 den reizvollen künstlichen See anlegen, der den Hyde Park von den Kensington Gardens trennt. **50 Dinge** ① › **S. 12.** Nahe dem Ufer von The Long Water, dem Nordteil des Sees, soll Peter Pan während seiner nächtlichen Besuche gelandet sein. Hier steht die **Peter-Pan-Statue** **3** [C3]. J. M. Barries, der Autor der Geschichte, fand sie kitschig, aber bis heute betrachten Kinder fasziniert die Kaninchen, Eichhörnchen und Mäuse zu Füßen der Statue – und hoffen, die Elfen im Gras wispern zu hören.

Kensington Gardens

Der Spaziergang geht westlich in Richtung des **Round Pond** [C4] in den Kensington Gardens weiter. An diesem zweiten künstlichen See treffen sich gern Liebespaare sowie allerlei Federvieh.

Ausritte im Park sind ein ganz besonderes Erlebnis und bei Londonern sehr beliebt (Reitstall mit Pferdevermietung › **S. 31**).

Speakers' Corner im Hyde Park

Die einst zum königlichen Palast gehörenden Kensington Gardens wirken in ihrer Gesamtheit weit intimer als der Hyde Park, im hinter hohen Hecken versteckten **Sunken Garden** **4** [C4] geradezu geheimnisvoll.

Der **Diana, Princess of Wales Memorial Playground** **5** [B3] ist ein toller Abenteuerspielplatz komplett mit Piratenschiff. Erwachsene haben auf dem Gelände am Broad Walk (nahe Black Lion Gate zur Bayswater Road) nur in Begleitung von Kindern Zutritt.

Kensington Palace **6** [C4]

Um drei Innenhöfe gruppieren sich die Flügel des Palastes, teils Museum, teils Apartmentgebäude für Mitglieder der königlichen Familie. An der Nordseite lebte die verstorbene Prinzessin Diana in Apartment 8; Prinz William bewohnt mit seiner jungen Familie Apartment 1a.

Der Palast hat eine interessante Geschichte. Im Jahr 1689 bezahlten William III und Queen Mary 18 000

Guineen für das Landhaus und ließen es von Christopher Wren und Nicholas Hawksmoor umbauen. Später trat eine Reihe dramatischer Todesfälle auf: Queen Mary starb an Pocken, Queen Anne nach einem Gehirnschlag. George II, der letzte, der hier lebenden Monarchen, segnete auf dem neuen Wasserklosett das Zeitliche. Doch auch ein erfreulicheres Ereignis gab es: 1819 wurde hier Queen Victoria geboren.

Nun zeichnet sich eine neue Ära ab: Der Herzog und die Herzogin von Cambridge, vulgo Prinz William und seine Frau Kate, residieren seit 2013 in Prinzessin Margarets alter Wohnung, und Prinz Harry wird im Palast ein kleineres Apartment beziehen. Während frischer Wind durch die alten Mauern weht, können die **Staatsgemächer** weiter-

hin besucht werden. (März–Okt. tgl. 10–18, sonst 10–17 Uhr, Einlass bis 17/16 Uhr, www.hrp.org.uk).

Inmitten eines formalen Gartens liegt die **Orangery**. Queen Anne pflegte dort zwischen Zitrusbäumen exklusive Teepartys abzuhalten. Besuchern serviert man heutzutage Frühstück, Lunch oder Kuchen am Nachmittag.

Albert Memorial und Royal Albert Hall 7 [C4]

Das 55 m hohe, neogotische Denkmal aus dem Jahr 1872 ehrt Albert von Sachsen-Coburg-Gotha (1819 bis 1861), den geliebten Ehemann Queen Victorias. 11,2 Mio. Pfund verschlang die acht Jahre dauernde Restaurierung Ende des 20. Jhs., im Zuge derer die Statue des Prinzen unter dem filigranen Steinbalda-

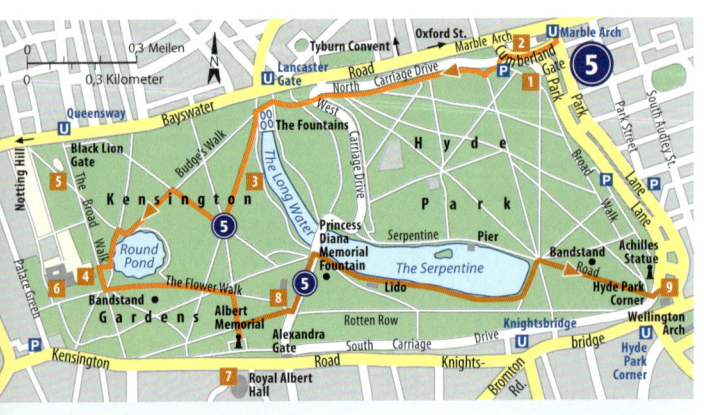

Tour in Kensington

Tour 5

Hyde Park und Kensington Gardens

1 Speakers' Corner

2 Marble Arch
3 Peter-Pan-Statue
4 Sunken Garden
5 Diana, Princess of Wales Memorial Playground

6 Kensington Palace
7 Royal Albert Hall
8 Serpentine Gallery
9 Apsley House

Die festlich erleuchtete Royal Albert Hall

chin wieder vollständig mit Blattgold belegt wurde.

Der jenseits der Kensington Road aufragende Rundbau, 1867 bis 1871 nach dem Vorbild eines römischen Amphitheaters errichtet, ist eine riesige Konzerthalle von 91 m Durchmesser.

Finanziert wurde die **Royal Albert Hall** im Jahr ihrer Eröffnung durch den Verkauf von 1300 Sitzplätzen für 999 Jahre; viele von ihnen sind heute noch in Privatbesitz. Am berühmtesten ist die Royal Albert Hall für die **BBC Henry Wood Promenade Concerts (»Proms«)** im Sommer. Bei dieser Serie von klassischen Konzerten dürfen die Zuhörer auf dem Platz vor dem Dirigentenpult stehen oder auf dem Boden sitzen. Tickets gibt es sogar noch an der Abendkasse (Besichtigung im Rahmen von Führungen, Tel. 020-7589 8212, www.royalalberthall.com).

Das Ende der Promenadenkonzerte, **Last Night of the Proms,** ist eine nationale Institution und lange im Voraus ausverkauft. Zeitgleich findet das Festival **Proms in the Park** statt. Zum großen Finale wird die Royal Albert Hall per Großleinwand zugeschaltet.

Südlicher Hyde Park

Der Spaziergang führt weiter zur **Serpentine Gallery 8 [C4].** Einst ein Teepavillon, präsentiert sie heute wechselnde Ausstellungen der Gegenwartskunst. Jeden Sommer entsteht auf dem Rasen neben der Galerie ein temporärer Pavillon, den internationale Architektur-Stars entwerfen und der als Café dient. Nahebei: die **Sackler Serpentine Gallery,** eine Dependance der Serpentine Galerie in einem ehemaligen Munitionsdepot mit Anbau von Zaha Hadid.

Vom königlichen Jagdgrund zum Volkspark: der Hyde Park

Etwas westlich kann man im Freibad **Serpentine Lido** [D4] baden (10–18 Uhr, im Mai nur an Wochenenden, 1. Juni–12. Sept. tgl., Eintritt £ 4,50, Tel. 020-7706 3422, www.royalparks.org.uk).

Im Südosten erstreckt sich das Gelände, auf dem einst der Crystal Palace, Schauplatz der Weltausstellung von 1851, stand. Dort spielen die Londoner nun Tennis, Fußball und Baseball. Rechts davon ist der Park mit Statuen von Henry Moore durchsetzt.

Hält man sich in Richtung Serpentine und geht unter der Brücke hindurch, gelangt man zum **Princess-Diana-Memorial-Brunnen** [D4] von Kathryn Gustafson. Am **Lido** (Café, Umkleidekabinen) ist Baden genauso beliebt wie Rudern. Kurz

danach führt eine Brücke zum Glaspavillon eines kleinen Restaurants.

Zaunpfähle grenzen den Lido von der Reiterpromenade **Rotten Row** ab, auf der oft die königliche Household Cavalry vorbeigaloppiert. Früher war die Rotten Row vor allem schick: Damen der Gesellschaft flirteten von ihren Kutschen aus mit den Reitern, während deren Kurtisanen provokativ die Eleganz ihrer Hüte und Pferde zur Schau stellten.

An der **Hyde Park Corner** [E4] läuft der Park in einem wunderschön angelegten kleinen Garten aus. Und gleich steht man wieder im dicksten Verkehr, denn an diesem Platz laufen die Boulevards Piccadilly, Park Lane, Knightsbridge und Grosvenor Place zusammen. Auf der Verkehrsinsel in der Mitte behauptet sich der **Wellington Arch** [E4], ein Triumphbogen, in dem sich bis 1992 eine winzige Polizeistation verbarg.

Apsley House 9 [E4]

An der südöstlichen Seite von Hyde Park Corner liegt Apsley House, in dem man heute das **Wellington-Museum** besuchen kann. Über den Museumsräumen lebt der derzeitige Herzog, dessen Urahn, der berühmte Duke of Wellington, hier seine Schätze anhäufte. Er kümmerte sich auch persönlich um das Aufhängen der Gemälde, u.a. von Goya, Rubens, Murillo und Velásquez (149 Piccadilly, April–Okt. Mi–So 11–17, Nov.–März Sa, So 10 bis 16 Uhr; Tel. 0870-333 1181, www.english-heritage.org.uk).

 # Knightsbridge
und
Kensington

> **Verlauf: Knightsbridge ›
> Brompton Oratory › Victoria and
> Albert Museum › Natural History
> Museum › Science Museum ›
> Brompton Cross**
>
> **Karte:** Seite 110
> **Dauer:** Gehzeit 1,5 Std.
> **Praktische Hinweise:**
> - Zwischen der Ⓤ Knightsbridge
>   und der Ⓤ South Kensington
>   spielt London die Trümpfe des ele-
>   ganten Shoppings und der großen
>   Museumswelt aus, angefangen
>   beim Victoria and Albert Museum
>   (Fr bis 22 Uhr geöffnet) bis hin
>   zum Natural History und Science
>   Museum (bis ca. 17.30 Uhr).
> - Und ob mittags oder zu Abend:
>   Die Gastronomie bietet eine
>   enorme Auswahl.

Tour-Start:
Knightsbridge

Den Spaziergang mit einem Frühstück im **Mandarin Oriental Hotel**
(66 Knightsbridge, ehemals Hyde
Park Hotel) [D4] zu beginnen, ist
ebenso extravagant wie vergnüg-
lich: Draußen im Park sieht man die
locals, die ihre Hunde im Hyde Park
ausführen, und, wenn man Glück
hat, die Kavallerie. Ins Hyde Park
Hotel ging einst die junge Prinzessin Elizabeth zur Tanzstunde. Heute
genießen die Gäste die Nähe zu
Knightsbridge, z. B. für die Shop-

pingtour, die in den exquisiten Läden der schmalen Kinnerton Street
schräg gegenüber beginnen kann.

Den Cappuccino bei **Harvey
Nichols** (102–129 Knightsbridge,
› S. 50) zu nehmen ist definitiv
preiswerter als im Mandarin Oriental und kann ebenso unterhaltsam
sein. Das Kaufhaus führt v. a. Spit-
zenkosmetika und Mode etablierter
Marken und Designer.

Sloane Street ist die legendäre
Adresse internationaler Modestars
und des **❗** hübschen alten Pubs **The
Gloucester** (€).

Harrods 🔟 [D4], das Megakauf-
haus in Knightsbridge › S. 50 – mit
230 Abteilungen und mehreren Cafés und Restaurants auf fünf Stockwerken –, besteht seit 1849. Der
Ägypter Mohammed Al-Fayed, der
es 1983 erwarb, verkaufte es 2010 an
Investoren des Emirats Katar – mit
der Auflage, dass die Skulptur, die
Prinzessin Diana und seinen Sohn
Dodi darstellt, im Untergeschoss
stehen bleibt. Die Londoner haben
ein ambivalentes Verhältnis zu Harrods. Sie mokieren sich gerne über
den überladenen Luxus, räumen
aber ein, dass es dort beste Seiden-
socken und im August die ersten
Moorhühner gibt. Die Food Hall
mit ihren Art Nouveau-Jagdmotiv-
Kacheln hat große Anziehungskraft,
ebenso der Ausverkauf, bei dem alles stark reduziert wird. Am meisten
verkauft wird übrigens ein Kult-
objekt – der Harrods Teddybär.

Shopping

- In der Nachbarschaft von Harrods
  finden sich diverse gute Einkaufs- und

Restaurantadressen. So verrät das »By Royal Appointment«-Schild bei **Rigby & Peller** (2 Hans Rd., www.rigbyandpeller.com), dass hier die Queen ihre Dessous kauft.

- Die kleine Seitenstraße Beauchamp Place hat eine Auswahl an Modeläden, beachtenswert sind z.B. die britischen Designer **Caroline Charles** (Nr. 56) und **Bruce Oldfield** (Nr. 34).
- New Yorker Schick in Sachen Sportmode und v. a. Edelstrick aus Kaschmir führt **MAGASCHONI** (Nr. 20).

Zwischenstopp: Restaurant
ZUMA ➊ €€€
Ausgerechnet ein Deutscher (Chefkoch Rainer Becker) besitzt dieses ultra-schicke japanische Restaurant. Alles ist

vom Feinsten: wunderbar gewürztes Wagyu Beef, Fisch in würzigen Saucen, Sushi- und Sashimi-Kreationen.

- 5 Raphael St.
  Tel. 020-7584 1010
  www.zumarestaurant.com
  Tgl. geöffnet, unbedingt reservieren

Brompton Oratory **11** [D5] und Umgebung

Brompton Oratory, im italienischen Barockstil gebaut, ist nach Westminster Cathedral die wichtigste römisch-katholische Kirche Londons. Unter der 66 m hohen Kuppel entfaltet sich eine ungeahnte Pracht. Ein Besuch des Hochamts ist des namhaften Chores wegen ein Genuss. Es gilt zudem als schick, hier

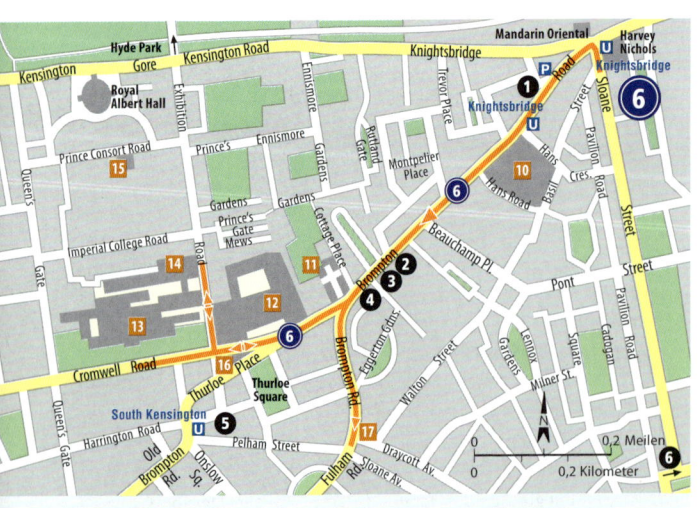

Tour in Knightsbridge und South Kensington

zur Sonntagsmesse um 11 Uhr gesehen zu werden. Bei Hochzeiten und Taufen wird eine unvergleichliche Eleganz an den Tag gelegt.

Zwischenstopp: Restaurants

- Den ganzen Tag gibt es gute Snacks in der **Patisserie Valerie** ❷ (215 Brompton Road).
- Ein paar Türen weiter bekommt man in der **Brompton Asian Brasserie** ❸ Dim Sum zu stolzen Knightsbridge-Preisen (223 Brompton Road).
- Das **Racine Restaurant** ❹ (französische Küche €€) ist perfekt für klassisches Steak Tartare. Sehr populär ist der Brunch an Sonntagen (239 Brompton Road, Tel. 020-7584 4477, tgl.).

Shopping

Bei **Divertimenti** (227–229 Brompton Road) gibt es nahezu alles, was in der Küche nützlich und am Esstisch dekorativ sein kann. Viele ungewöhnliche Kleinigkeiten.

Victoria and Albert Museum ⓬ ⭐ [D5]

Das »V & A« ist der erste in einer Reihe von Kulturpalästen, die nach dem Erfolg der Great Exhibition von 1851 als Kundgebung viktorianischen Selbstbewusstseins gebaut wurden. Die Faszination dieses Museums macht seine scheinbar unerschöpfliche Vielfalt aus: Es beherbergt die weltweit größte Sammlung dekorativer Kunst. Hier hilft nur die konsequente Auswahl aus der gigantischen Fülle: Möbel, Porzellan, Barockjuwelen, chinesische und japanische Kunst, Kostüme von 1600 bis heute sowie modernes Design.

Der prunkvolle Eingang zum Victoria and Albert Museum

Besonders wertvolle Stücke aus Großbritannien hat man in den **British Galleries** zusammengetragen. Seit 2004 zeigt die **Architekturgalerie** eine Unmenge von Modellen und Zeichnungen von Palladio bis Mies van der Rohe. Die **indische Abteilung** und die **Jameel Gallery** für islamische Kunst sollte man ebenso wenig verpassen wie die neue Keramikgalerie. Ebenfalls bezaubernd ist der kleine Garten. Eine vorzügliche **Cafeteria** befindet sich im Henry Cole Wing, der **Museumsladen** ist eine Fundgrube für originelle Geschenke. (Museumseingänge in der Cromwell Road und der Exhibition Road, Tgl. 10–17.45, Fr 10–22 Uhr, Eintritt frei, außer für Sonderausstellungen und Veranstaltungen, www.vam.ac.uk).

Natural History Museum 13 ⭐ [C5]

Schon durch seine spätviktoriani-sche, 225 m lange Terrakottafassade mit Tierdarstellungen erregt das Natural History Museum Aufsehen. Berühmt ist es für die Nachbildung eines Blauwals und die **Dinosaurier-abteilung** mit vielen Skeletten der Urzeitriesen. Die Sammlung wurde seit der Zusammenlegung mit dem Geological Museum in »Life and Earth«-Galerien unterteilt. In der Life-Gallery sind über 40 Mio. Ex-ponate zum Leben auf der Erde aus-gestellt. 2009 wurde das **Darwin Centre** eröffnet: Eine interaktive Präsentation veranschaulicht eine umfangreiche Sammlung von Pflanzen und Tierarten.

Das Museum bietet ferner eine umfangreiche Bibliothek, Shops

SEITENBLICK

Abseits der Tour

Das **Museum of Music** ist Teil des **Royal College of Music** 15 [C4] und stellt rund 800 Instrumente aus (Prince Consort Road, Di–Fr 14 bis 16.30 Uhr, in den Weihnachts- und Osterferien geschl., Eintritt frei, www. rcm.ac.uk).

Das **Ismaili Centre** 16 [D5], ein in den 1970er-Jahren gebautes Kultur-zentrum in der Cromwell Road (ge-genüber dem V & A) finanzierte der Aga Khan als Oberhaupt der Shia-Ismaeliten für seine muslimischen Glaubensbrüder. Jedes Jahr im Sep-tember ist es beim Open House Weekend der Öffentlichkeit zugäng-lich (www.ismaili.org).

und Cafeterias. Der Platz vor der Museumsfassade wird im Winter zur Eislaufbahn. (Tgl. 10–17.50, Einlass bis 17.30 Uhr, Eintritt frei, außer für einige Sonderausstellun-gen, www.nhm.ac.uk).

Science Museum 14 [C5]

Ein überdachter Korridor verbindet das Natural History Museum mit dem Science Museum, das für Jung und Alt faszinierend ist. Wissen-schaft und Technik zum Mit-machen, Knöpfedrücken, Schalter-umlegen – so werden Mechanismen leicht verständlich.

Wie funktioniert digitales Fern-sehen? Was gibt es Neues in der Weltraumforschung? Jede Frage wird beantwortet. Ausgestellt sind u. a. die alten Dampfmaschinen von Stephenson, das erste Telefon von Graham Bell, Teleskope von Galilei, Otto Lilienthals erstes Segelflug-zeug, Modelle berühmter Schiffe und die Originalraumkapsel »Apol-lo 10«. Der **Welcome Wing** zeigt Exponate aus Naturwissenschaft, Technologie und moderner Medi-zin, die neue **Energy Hall** beschäftigt sich mit dem Thema Energiesparen (tgl. 10 bis 18 Uhr, Eintritt frei, www.sciencemuseum.org.uk).

Michelin House 17 [D5] und Umgebung

Knightsbridge und South Kensing-ton, Sitz vieler Botschaften und Konsulate, konkurrieren mit May-fair und Belgravia um den Status der meistbegehrten Wohnviertel in London. Statt sich der Museums-welt an der Cromwell Road zuzu-

Im Natural History Museum

wenden, könnte man auch der Brompton Road folgen.

Am **Brompton Cross** wird das exquisit restaurierte **Michelin House** zum Blickfang. Die einstige Hauptniederlassung der Reifenfirma fällt durch die Fliesen auf, mit denen das Foyer und Teile der Außenfassade gestaltet sind. 1911 erbaut, ist das Michelin House einer der schönsten Art-déco-Bauten in London. Wo einst Michelin-Arbeiter mit ölverschmierten Händen defekte Reifen ersetzten, schuf Großbritanniens Design-Guru Sir Terence Conran ein Mekka für Gourmets und Design-Enthusiasten.

Zm Komplex des Michelin House gehören eine Austernbar im Foyer, der Einrichtungsladen **The Conran Shop** und das für seine modern-britische Küche gerühmte **Bibendum** (€€€, 81 Fulham Road, Tel. 020-7581 5817, tgl. geöffnet, www. bibendum.co.uk).

Zwischenstopp: Restaurants

• Studenten des französischen Lyzeums treffen sich gerne beim Wiener Schnitzel direkt neben der Ⓤ South Kensington im unprätentiösen Restaurant **Daquise** ❺ (20 Thurloe St., tgl. geöffnet, €€ › S. 44).

• Wer Trendpunkte sammeln will, trifft sich am Sloane Square mit Freunden im **Café Colbert** ❻ – einfach nur zu einem Kaffee oder ausgiebiger zu klassischer französischer Brasserie-Küche (51 Sloane Square, Tel. 020-7730 2804, tgl. geöffnet, €€).

Chelsea

Tour 7

Verlauf: Sloane Square › King's Road › Chelsea Town Hall › Chelsea Embankment › Chelsea Physic Garden › Chelsea Royal Hospital › Pimlico Road › Sloane Square

Karte: Seite 117
Dauer: Gehzeit 2 Std.

Praktische Hinweise:

• Auch hier ist die *tube* das ideale Verkehrsmittel, um den Sloane Square zu erreichen, der gleichzeitig Endpunkt der Tour ist. Auf der Shoppingmeile King's Road wird es nur sonntags etwas ruhiger.

• Wer das Haus des Schriftstellers Thomas Carlyle oder die idyllischen Chelsea Physic Gardens besuchen möchte, sollte einen Nachmittag zwischen Mittwoch und Freitag wählen, im Sommer geht es auch am Wochenende.

Tour-Start: Sloane Square [E5]

Der Springbrunnen und der Blumenstand geben dem Sloane Square einem Hauch von Pariser Flair. Das **Royal Court Theatre 18** [E5] produzierte 1956 erstmalig John Osbornes zeitkritisches Stück »Blick zurück im Zorn«. Und G. B. Shaw führt eine lange Liste namhafter Autoren an, deren Stücke hier Premiere hatten. (Mo alle Tickets nur £ 10, online ab 9 Uhr morgens erhältlich; Tel. 020-7565 5000, www. royalcourttheatre.com). Ein Tipp ist das gute Café-Restaurant (€).

Auch das **Kaufhaus Peter Jones 19** [E5] ist eine Institution am Sloane Square, empfehlenswert besonders für Porzellan und Dekostoffe › S. 50.

King's Road

Chelseas Hauptstraße war einst eine königliche Privatstraße, auf der regelmäßig der Monarch mit großem Gefolge – Frau, Mätresse, Höflinge und Diener – von Whitehall nach Hampton Court zog.

Das Areal der **Duke of York Headquarters** wandelte sich in den letzten Jahren zu einer attraktiven Piazza mit Läden und Cafés. In der Kaserne eröffnete 2008 die **Saatchi Gallery 20** [E5] für moderne Kunst. 7000 m² groß, gehört sie zu den größten Kunstgalerien der Welt (Eintritt frei, tgl. 10–18 Uhr, letzter Einlass 17.30 Uhr, www.saatchigallery.com).

Ab hier sollte man in die Seitenstraßen spähen, die noch etwas ländlich wirken. In der **Royal Avenue** gab Ian Fleming seinem fiktiven Su-

SEITENBLICK

Sloane Rangers

Der Begriff entstand in den 1970er-Jahren als Bezeichnung für die Töchter »guter« britischer Familien, die nach gewissen ungeschriebenen Regeln leben. Damals gehörten Perlenketten und Handtaschen von Chanel zu den Statussymbolen. Heute kleiden sie sich provokativer. Während einst ein Antiquar (Inbegriff des englischen Gentlemans) als geeigneter Ehemann galt, bevorzugen sie heute einen Banker.

In Chelsea geht es nicht nur um Mode. Auch Feinkost hat Konjunktur

peragenten James Bond eine Londoner Adresse.

152 King's Road wurde 1881 als Atelierhaus gebaut. Und während Prinzessin Serafine Astafieva ihre Balletteleven ausbildete und sich im Kellerklub Politiker trafen, wurden hier auch Fasane gezüchtet, daher der Name **The Pheasantry**. Heute verköstigt eine Filiale des **Pizza Express** viel Laufkundschaft. Die Einheimischen treffen sich lieber im Café der Saatchi Gallery am Duke of York Square.

Gegenüber dem **Chelsea Cinema** (Nr. 206, immer gute Filme, sehr komfortabel), befindet sich die im 19. Jh gebaute **Chelsea Town Hall** 21 [D6], heute ein beliebtes Standesamt, wie man an der Fülle von Konfetti auf den Treppenstufen sieht. Überquert man die Straße, findet man in der Sydney Street den **Chelsea Farmer's Market** 22 [D6] mit Gartenzentrum, Bioläden und Cafés.

In westlicher Richtung kommt man zu den eleganten Wohnhäusern des **Glebe Place,** einst als Künstlerateliers gebaut, heute von wohlhabenden Bankern bewohnt.

Eine kleine Passage führt gegenüber von **Designer's Guild** (Nr. 267), einem weltbekannten Unternehmen für Interior Design, zum exklusiven **Carlyle Square** 23 [D6]. Ein Blick in die Untergeschosse zeigt, dass hier selbst »downstairs« alles perfekt gestylt ist.

Shopping

- **The Holding Company** (241 King's Road) hat ein großes Angebot an attraktiven Schachteln.
- **Manolo Blahník** (49–51 Old Church St.) ist berühmt für traumhafte Schuhe.
- **The Shop at Bluebird** (350 King's Road) führt Möbel, Avantgardemode und Bücher.
- **Rococo** (Nr. 321) dürfen sich Schokoladenkenner nicht entgehen lassen.

The Beatles

Zwischenstopp: Restaurant

Das Café des **Bluebird-Restaurants** ❼
bietet sich an für einen schnellen Espresso, das eigentliche Restaurant (€€),

um modern-europäisch zu speisen. Immer gut für ein Erbsenrisotto mit frischer Minze und Kräutersalat (350
King's Road, Tel. 020-7559 1000, tgl.).

Cheyne Walk und Chelsea Embankment

In dem von gediegener Wohlhaben-
heit geprägten Cheyne Walk resi-
dierten einst z. B. die Autorin
George Eliot (1819–1880) und der
präraffaelitische Maler Dante Gabriel Rossetti (1828–1882) mit ihren
Haustieren, darunter Pfauen und
ein Känguru. Der Cheyne Walk ist
bis heute eine Topadresse, die sich
in den 1960er-Jahren u. a. Mick Jagger gönnte.

Swinging Sixties

Das Empire war verloren, der Zweite Weltkrieg überstanden – Großbritannien erlaubte sich einen Seufzer der Erleichterung. Moral und Manieren wurden lockerer,
nach den Rhythmen des amerikanischen Swing begannen britische Kellerkinder,
ihren ganz neuen, unerhörten Sound zu spielen. Die Fab Four, die Beatles aus
Liverpool, und die ewig bösen Buben, die Rolling Stones, schockierten eine ganze
Elterngeneration, während die Teenager in Verzückung gerieten. Mary Quant
kürzte die Rocksäume beinahe sittenwidrig – eigentlich nur, um Steuergesetze für
Erwachsenenkleidung zu umgehen. Über Paris trat der Minirock dann seinen internationalen Siegeszug an. Der Trend-Friseur Leonard und der Impresario Justin
de Villeneuve starteten die Karriere des Models Twiggy. Außer den Kronjuwelen
im Tower lockte keine Sehenswürdigkeit so viele Touristen an wie das Londoner
Kaufhaus BIBA der Modeschöpferin Barbara Hulanicki, das durch Missmanage-
ment pleite ging. Es war die Zeit des Flower-Power-Hippie-Glücks mit der Musik
von Jimi Hendrix, Cream, Pink Floyd und vielen, vielen anderen. Jede Woche
zogen haschischbewusstseinserweiterte Fans zu wenigstens einem bedeutenden
Konzert. Die Callgirl-Affäre des Ministers Profumo legte die britische Regierung
lahm – wen kümmerte es? »Sex and Drugs and Rock 'n' Roll« waren angesagt,
die Jugend hatte ihren eigenen Lebensstil gefunden, bis die Euphorie des wirt-
schaftlichen Aufschwungs in einer Rezession endete, Mode und Musik kommer-
ziell vereinnahmt waren, der Punk erschien und sein bitterbös-verzweifeltes
»no future« von der Bühne brüllte.

Zwischenstopp: Restaurant

Sehr beliebt bei den *locals* ist der mehrmals ausgezeichnete Gastropub **The
Pig's Ear** 8 (€€). Modern-britische
Küche, große Weinkarte und Flaschen-
bier aus Deutschland, Belgien und
Tschechien (35 Old Church St., Tel. 020-
7352 2908, www.thepigsear.info, tgl.).

In der benachbarten **Chelsea Old
Church** 24 [D6] (1157) soll Henry
VIII seine dritte Frau Jane Seymour
schon vor der offiziellen Feier in einer intimen Zeremonie geheiratet
haben. Nach dem Zweiten Weltkrieg musste die Kirche fast vollständig erneuert werden.

Östlich der Kreuzung Old
Church Street beginnt das **Chelsea
Embankment** mit einer Fußgänger-
promenade an der Themse. In der
Seitenstraße Cheyne Row gewährt
Thomas Carlyle's House 25 [D6]
(Nr. 24) einen Eindruck vom
Schriftstellerleben im 19. Jh. Im
Dachgeschoss verfasste der schotti-
sche Philosoph und Historiker seine
Biografie über Friedrich den Gro-
ßen und das Opus über die Franzö-
sische Revolution. (Öffnungszeiten
am besten erfragen unter Tel. 020-
7352 7087 oder über die Webseite
www.nationaltrust.org.uk.)

Zurück am Chelsea Embank-
ment hat man einen Blick auf die
Kolonie von Hausbooten und die
von J. McNeill Whistler bemalte
Battersea Bridge. In eleganter Kon-
struktion überspannt die roman-
tische **Albert Bridge** seit 1873 weiter
östlich die Themse.

Royal Hospital Road

Von seiner Statue am Beginn der
Royal Hospital Road schaut **Sir Thomas Moore** grimmig auf den Verkehr. Etwas Ruhe findet man im
Chelsea Physic Garden 26 [D6] (Eingang Swan Walk), den die
Apothekergesellschaft 1673 gründe-

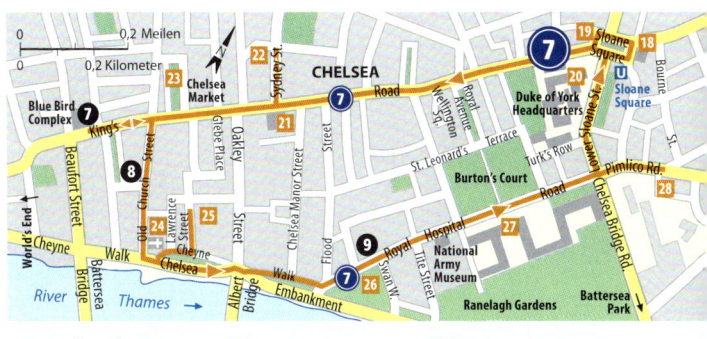

Tour in Chelsea

Tour 7
Chelsea

18 Royal Court Theatre
19 Kaufhaus Peter Jones
20 Saatchi Gallery
21 Chelsea Town Hall
22 Chelsea Farmer's Market
23 Carlyle Square

24 Chelsea Old Church
25 Thomas Carlyle's House
26 Chelsea Physic Garden
27 Chelsea Royal Hospital
28 Pimlico Road

te, um die therapeutische Wirkung chinesischer Heilkräuter zu studieren. (meist 11–18 Uhr, Sa geschl., www.chelseaphysicgarden.co.uk).

Die **Tite Street,** eine Seitenstraße der Royal Hospital Road, zählt zu den typischen hübschen Chelsea-Straßen. Oscar Wilde lebte elf Jahre lang im Haus Nr. 34 und amüsierte seine Freunde mit Bonmots wie: »Ich kann allem widerstehen, außer der Versuchung.«

Zwischenstopp: Restaurant

Im Gastrotempel von **Gordon Ramsay** ❾ (€€€, 68 Royal Hospital Rd., Tel. 020-7352 4441, Sa, So geschl.) muss man tief in die Tasche greifen, doch die

SEITENBLICK

Abseits der Tour

Auf der südlichen Uferseite der Themse leuchtet die vergoldete Dachspitze der **Peace Pagoda** im **Battersea Park [E6],** der mit dem Erdreich vom Bau eines Docks für die Londoner Bürger angelegt wurde. Hier kann man joggen, auf dem See paddeln und Veranstaltungen aller Art erleben, z. B. im Sommer die Jazzabende beim **Gondola al Parco-Café** (www.batterseapark.org).

Noch höher als die Spitze der Pagode im Battersea Park ragen weiter östlich die vier Schlote des 1983 stillgelegten Kraftwerks **Battersea Power Station [F6]** auf. Nach vielen Fehlstarts steht jetzt die Finanzierung für einen neuen Komplex aus Apartments, Läden und Büros. Unweit von hier entsteht auch die neue amerikanische Botschaft.

exzellente Kombination von klassisch-französischer Kochkunst, Ambiente und Service ist es wert.

Der Geschichte der britischen Armee seit 1485 widmet sich das **National Army Museum.**

Das nahe **Chelsea Royal Hospital** 27 ⭐ **[E6]** zählt zu den schönsten Gebäuden Londons. Die Inspiration dazu lieferte Louis' XIV Hôtel des Invalides in Paris. Charles II beschloss, ein Hospiz für Veteranen zu gründen, und beauftragte Christopher Wren mit dem Bau. Es entstand eine Wohnanlage unter königlicher Schirmherrschaft für 420 pensionierte Soldaten. Überall im Viertel sieht man noch heute die *Chelsea Pensioners* in ihren ordenbehängten Uniformen.

In den Gärten des Royal Hospital veranstaltet die Royal Horticultural Society alljährlich ihre **Chelsea Flower Show** › S. 69. Immer Ende Mai schaffen hier alle wichtigen Gärtner Großbritanniens ein buntes, duftendes Blütenmeer, und ein Heer von Pflanzenliebhabern wartet in langen Schlangen auf Einlass. Der Kartenvorverkauf beginnt Monate im Voraus (www.rhs.org.uk).

Die Royal Hospital Road geht über in die **Pimlico Road** 28 **[E5]** mit ihren guten Antiquitätenläden und dem Café und Delikatessenladen von **Daylesford Organic** (Nr. 44). Dies ist der Vergnügungstempel der »Haute Organic«-Bewegung, der schicken Bio-Generation.

Im **Pimlico Green** gegenüber findet samstagmorgens ein Farmer's Market statt.

 # Charmantes Notting Hill

Tour-Start:
Pembridge Road [B3]

Jedes Wochenende schieben sich Tausende von Menschen durch die Pembridge Road, vorbei an bunt bemalten Häuserfassaden und Läden mit Secondhand-Kleidung. Eine echte Kuriosität ist im Obergeschoss des **Prince Albert Pub** 29 [B3] (Nr. 11) zu entdecken: das **Gate Theatre**, eines der ältesten Pub-Theater in London (www.gatetheatre.co.uk).

Die strahlend weißen Villen der **Ledbury Road** 30 [B3] machen es deutlich: Notting Hill ist zwar Schmelztiegel vieler Gesellschaftsschichten, aber seit das Viertel als Kulisse für den gleichnamigen Film Karriere machte, sind die Immobilienpreise davongaloppiert. Dennoch gefällt die Ledbury Road durch ihre bunte Mischung von Designerlä-

den. Immer einen Blick wert sind die Schuhe von **Emma Hope** (Nr. 207, Ecke Westbourne Grove).

Rechter Hand haben sich in der **Westbourne Grove** 31 [A/B3] eine Reihe von Interior-Design-Läden und Restaurants etabliert. Am sympathischsten: Die Weinbar **Negozio Classica** (Nr 283). Nach Westen hin stolpert man förmlich über gertenschlanke Schönheiten, die in Boutiquen wie **Nanette Lepore** (Nr. 206) Kleider mit wenig Stoff anprobieren. Filmreif passend dazu nicken ihre männlichen Begleiter vom Typ Mir-gehört-die-Welt zustimmend und zücken die Kreditkarte. Selbstverständlich darf dann der Espresso oder ein Croissant in **New Toms Café/Restaurant** (Nr 226) nicht fehlen. Im Blumenladen **Wild at Heart** (öffentliche Toilette nebenan) hat sich der Architekt Piers Gough ein schmuckes Denkmal gesetzt.

Portobello Road 32 ⭐ [A3]

Die Westbourne Grove führt zur Portobello Road, Londons erster Adresse für Antiquitäten und Trödel: Der **Portobello Road Market** (tgl. außer So, am besten Fr und Sa) zieht sich fast 2 km über die gesamte Länge der Straße durch Notting Hill. Londons ältester Straßenmarkt (1837) ist wunderbar zum Bummeln und Stöbern und immer für Überraschungen gut. Bis zum Elgin Crescent wird mit Antiquitäten gehandelt, weiter nördlich wird der Markt trödeliger. Im **Cloth Shop** (Nr. 290) überwältigt die Riesenauswahl an exquisiten Stoffen aus aller Welt.

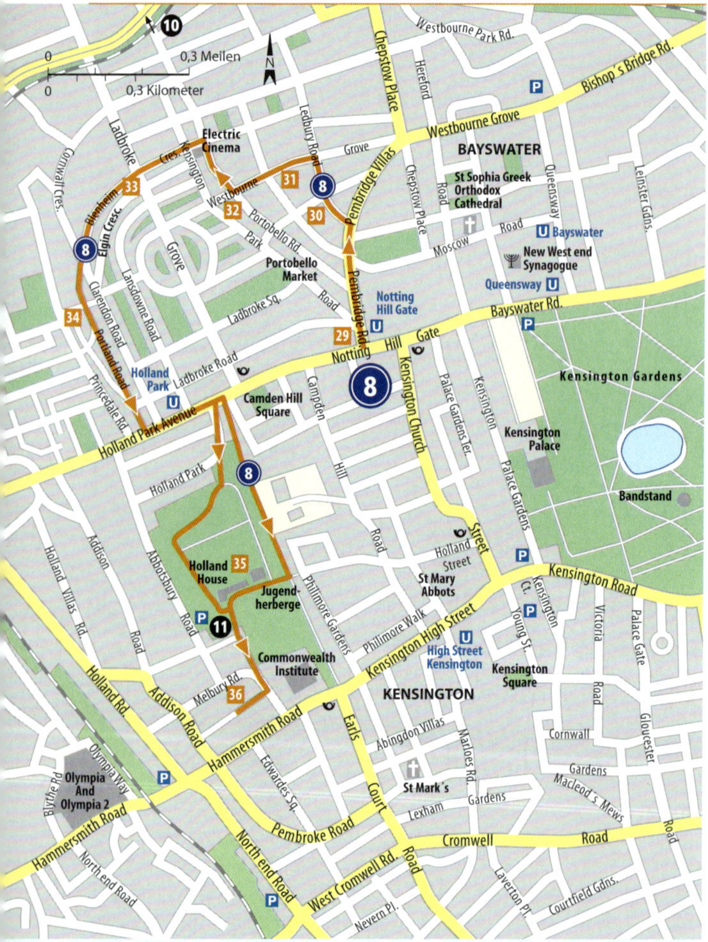
10
0
0,3 Meilen
0
0,3 Kilometer
N
Westbourne Park Rd.
Chepstow Place
Hereford
Bishop's Bridge Rd.
Ledbury Road
Westbourne Grove
BAYSWATER
Electric Cinema
Ladbroke
Kensington
Cres.
Cornwall Cres.
Grove
Pembridge Villas
Chepstow Place
Queensway
Leinster Gdns.
St Sophia Greek Orthodox Cathedral
Road
Moscow
Bayswater
New West end Synagogue
Queensway
Westbourne
Portobello Rd.
Park
Blenheim
Elgin Cresc.
Grove
Portobello Market
Road
Lansdowne Road
Clarendon Road
Portland Road
Ladbroke Sq.
Pembridge Rd.
Notting Hill Gate
Bayswater Rd.
Notting Hill Gate
Holland Park
Ladbroke Road
Camden Hill Square
Campden
Kensington Church
Palace Gardens Ter.
Kensington
Kensington Gardens
Princedale Rd.
Holland Park Avenue
Kensington Palace
Holland Park
Hill
Palace Gardens
Bandstand
Addison
Holland Villas Rd.
Abbotsbury
Road
Holland House
Jugend-herberge
Phillimore Gardens
Holland Street
Street
St Mary Abbots
Kensington Road
Kensington Ct.
Young St.
Victoria
Palace Gate
Road
Road
Melbury Rd.
Commonwealth Institute
Phillimore Walk
Kensington High Street
High Street Kensington
Kensington Square
KENSINGTON
Holland Rd.
Addison Road
Hammersmith Road
Earls
Abingdon Villas
Marloes Rd.
Cornwall
Gardens
Macleod's Mews
Gloucester
Olympia Way
Blythe Rd.
Olympia And Olympia 2
Edwardes Sq.
St Mark's
Lexham
Gardens
Hammersmith Road
Pembroke Road
Court
Cromwell
Road
Road
North end Road
North end Road
West Cromwell Rd.
Road
Laverton Pl.
Courtfield Gdns.
Nevern Pl.
29
30
31
32
33
34
35
36
8
11

Tour in Notting Hill

Tour 8

Charmantes Notting Hill

- 29 Prince Albert Pub
- 30 Ledbury Road
- 31 Westbourne Grove
- 32 Portobello Road
- 33 Blenheim Crescent
- 34 Clarendon Cross
- 35 Holland Park
- 36 Leighton House

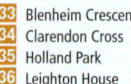

Cineasten genießen in bequemen Ledersesseln oder Sofas das Programm der Kultfilme des **Electric Cinema** (Nr. 191, www.electric cinema.co.uk).

Zwischenstopp: Restaurant

Der Tipp für Leute-Gucken und gute Snacks: **Pizza East Portobello** ⑩ (310 Portobello Rd., Tel. 020-8969 4500, tgl.).

Ende August ist die Portobello Road auch die Open-Air-Bühne für den farbenprächtigen **Notting Hill Carnival** › S. 69, den die aus der Karibik stammenden Einwohner ausgelassen feiern. **50 Dinge** ③ › S. 12.

Auf dem Weg zum Holland Park – schön ist der Spaziergang durch **Blenheim Crescent** 33 [A3] und **Portland Road** – kommt man zu der mit Olivenbäumen bepflanzten kleinen Enklave **Clarendon Cross** 34 [A3]. Mit Modeläden wie **The Cross** (141 Portland Road) und Bars wie **Julie's** (Nr. 135) ist es hier ebenso trendy wie in Notting Hill.

Shopping

• In 4 Elgin Crescent findet man bei **Graham & Green** dekorative Wohnaccessoires wie marokkanische Teegläser oder Dekostoffe aus Indien, ferner Schals, Taschen und Schmuck von jungen, wenig bekannten Designern.

• Auch der Blenheim Crescent hat eine Reihe spannender Läden: Der **Spice Shop** (Nr. 1) führt Gewürze aus aller Welt. **Books for Cooks** (Nr. 4) hat sich auf Kochbücher aus aller Herren Länder spezialisiert – an die 8000 hat der Laden vorrätig – und ist gleichzeitig ein Café › S. 51.

Auf dem Portobello Road Market

Holland Park 35 [A4]

Der Holland Park selbst hat mit romantischen Blumenrabatten, Rad schlagenden Pfauen, Waldlehrpfad, Abenteuerspielplatz und einem netten Freilichttheater viel für die ganze Familie zu bieten.

Zwischenstopp: Restaurant

Die französische Küche des **The Belvedere** ⑪ (€€–€€€) hat ihren Preis – auch wegen der schönen Lage mitten im Park (off Abbotsbury Road in Holland Park, Tel. 020-7602 1238, tgl.).

Leighton House 36 [A5], etwas südlich das Parks – einst Wohnhaus des viktorianischen Künstlers Sir Frederic Leighton (1830–1896) – wirkt seit der 2010 abgeschlossenen Renovierung wie neu geboren. Staunen lässt v.a. die Arabische Halle mit Fliesen aus Rhodos, Kairo, Damaskus und der Türkei (12 Holland Park Rd., Tel. 020-7602 3316, tgl. außer Di 10–17.30 Uhr).

CITY OF LONDON

Kleine Inspiration

- **Ein Glas Wein** bei El Vino trinken. › S. 127
- **Einem Konzert** in St. Bartholomew-the-Great oder in der Temple Church lauschen. › S. 128, 131
- **Dem Twinings Tea Shop und Museum** einen Besuch abstatten. › S. 129
- **Das 360-Grad-Panorama** auf der London Bridge bestaunen. › S. 133
- **Von der Spitze des Monument** in die Ferne blicken. › S. 133

Starke Kontraste in der brodelnden City: St. Paul's Cathedral, stille Gassen im Quartier der alten Rechtsschulen, schmucke kleine Kirchen und mächtige Tempel der Finanzwelt.

Traditionell wird die City of London mit der St. Paul's Cathedral sowie den Institutionen von Recht, Finanzen und Presse assoziiert. Die Fleet Street, einst weltberühmte Hochburg des britischen Zeitungswesens, erhielt ihren Namen von dem dort verlaufenden und 1765 überdeckten Fluss Fleet. Die nahe gelegenen Inns (Schulen des Rechts) sind Zentren der englischen Justiz. Lange pflegten Anwälte und Journalisten in den Bars gute Weine zu trinken. Die Zeitungsredaktionen sind längst ausgezogen, die Juristen hingegen haben es verstanden, sich seit Jahrhunderten eine grüne Oase inmitten der hektischen Großstadt zu erhalten. Die Inns bilden eine faszinierende Stadt in der Stadt, in der man immer noch Advokaten mit weißen Perücken und schwarzen Talaren begegnet.

Der zweite Spaziergang führt durch das Zentrum der Finanzwelt, die eigentliche City. Dieser älteste Teil Londons auf dem Gebiet einer römischen Siedlung wurde 1666 vom Großen Feuer fast völlig vernichtet. Weitere Zerstörungen erlitt der Stadtteil während des Zweiten Weltkriegs. Zwischen Barockkirchen und viktorianischen Bürogebäuden machen sich heute monu-

Am Südrand der City: Anwälte in den Lincoln's Inn Fields

mentale Bankenpaläste breit. Dies führt zum ständigen Streit zwischen den Befürwortern moderner Architektur und den »Heritage«-Gruppen, die aus London am liebsten ein Museum machen möchten.

Der Kontrast zwischen mittelalterlichen Kirchen, klassizistischen Prachtbauten und modernen Hightech-Türmen gehört jedoch zum Charme der City, die seit einer Reihe von Bombenanschlägen der IRA teilweise für Autos gesperrt ist. An Wochenenden ist sie sehr ruhig, an Arbeitstagen aber strömen Tausende von Pendlern in die City.

St. Paul's Cathedral von der Millennium Bridge aus gesehen

Touren in der City of London

 **Ins Reich von
Law and Order**

Verlauf: **St. Paul's Cathedral** ›
Fleet Street › **Temple** › **Inns
of Court** › **Royal Courts of Justice**
› **Sir John Soane Museum** ›
London Silver Vaults › **Staple Inn**

Karte: Seite 126
Dauer: Reine Gehzeit 2–3 Std.
Praktische Hinweise:

- Werktags ist die U-Bahn City Line
  zur Ⓤ St. Paul's zeimlich voll. Also
  bietet sich das Wochenende für die
  Tour an, St. Paul's Cathedral ist al-
  lerdings sonntags nur für Gottes-
  dienste geöffnet (und schließt tgl.
  um 16 Uhr).
- Die London Silver Vaults sind am
  Samstagnachmittag und Sonntag
  geschlossen; das interessante Haus
  des Architekten Sir John Soane hat
  So und Mo Ruhetag.
- Endpunkt der Tour ist die Ⓤ
  Chancery Lane.
- Geführte Spaziergänge durch die
  City beginnen jeden Tag um 11 und
  um 14 Uhr vor dem Information
  Office gegenüber von St. Paul's.

Tour-Start: St. Paul's Cathedral ❶ ⭐ [J3]

Im Jahr 1675 begann Sir Christopher Wren den mächtigen Kuppelbau, den man von der Westseite her
betritt. Nach der Sperre öffnet sich
der goldschimmernde Raum der

Londoner Bischofskirche (die Westminster Abbey dient als Krönungs-
und Grabeskirche der Könige). In
den Seitenschiffen reihen sich die
Ehrengrabmäler für verdiente Mili-
tärs, darunter auch Wellington und
Nelson. Den durch eine Bombe zer-
störten Hochaltar ersetzt seit 1958
ein Marmoraltar. Chor und Orgel,
auf der schon Händel und Mendels-
sohn spielten, ziert Schnitzwerk
(Grinling Gibbons).

Lohnend ist der Aufstieg vom
Südwestpfeiler in die **Kuppelgaleri-
en**. Von allen fünf Galerien ❗ genießt man einen guten Ausblick auf
die Stadt. In der Whispering Gallery
(Flüstergalerie) ist das leiseste Wort
noch in 30 m Entfernung vernehm-
bar. Reynolds, Turner, van Dyck,
Constable und Blake sind in der
»Malerecke« bestattet. Die 40 Mio.
Pfund teure Renovierung der Kathedrale anlässlich des 300-jährigen
Jubiläums wurde 2011 abgeschlossen (Mo–Sa 8.30–16 Uhr, Eintritt
£ 16, www.stpauls.co.uk).

Die Atmosphäre von St. Paul's erlebt man am stärksten bei winter-
lichen Abendandachten, Orgelkon-
zerten oder bei großen Messen. Der
berühmte Chor singt sonntags um
11.30 Uhr. Das **Café in der Krypta**
› **S. 49** bietet sich für eine Rast an.

An der Fleet Street

Als im späten 15. Jh. die Drucker-
presse rasche Verbreitung fand, ent-
wickelte sich die Fleet Street zum
Zentrum der Londoner Zeitungs-

Hier schlug das Herz des englischen Zeitungswesens: Fleet Street

industrie. 1987 war die »Times« die erste Zeitung, die in die Docklands zog. Es gab erbitterte Demonstrationen gegen diese Entscheidung, doch andere Blätter zogen nach. Heute ist die Fleet Street eine Straße mit Büros und den üblichen Läden. Selbst die Nachrichtenagentur Reuters hat ihren Sitz in die Docklands verlegt.

Die nach dem Zweiten Weltkrieg wieder aufgebaute Wren-Kirche **St. Bride's** 2 [J3] gilt nach wie vor als Pfarrkirche der Presse. Ihr Glockenturm, der oft mit einem Hochzeitskuchen verglichen wird, überstand wie durch ein Wunder den Bombenhagel im Jahr 1940.

17 Gough Square ist die Adresse von **Dr. Johnson's House** 3 [J3]. Der

Wrens Meisterwerk

Als Christopher Wren (1632–1723), Englands wohl berühmtester Architekt, nach dem Großen Feuer des Jahres 1666 den Auftrag erhielt, die City und ihre Kirchen wieder aufzubauen, war er 43 Jahre alt. St. Paul's widmete er die folgenden 35 Jahre seines Lebens. Ursprünglich hatte der vielseitige Gelehrte – Wren hatte auch Mathematik und Astronomie studiert und war Professor für Anatomie in Oxford – geplant, das Zentrum der City mit großen Boulevards und Plätzen vollkommen neu zu gestalten. Für St. Paul's schlug er einen griechisch inspirierten Bau vor, stieß aber auf Widerstand des Klerus, dem das alles zu neumodisch war. Erst der dritte Entwurf von St. Paul's wurde schließlich akzeptiert. Natürlich erhielt Christopher Wren in der Kirche auch einen Ehrenplatz. Auf seinem Grabmal in der Krypta steht in lateinischer Sprache die Botschaft: »Leser, wenn Du mein Denkmal suchst, sieh Dich nur um.«

Kritiker, Lexikonautor und Herausgeber einer Shakespeare-Gesamtedition Samuel Johnson lebte hier Mitte des 18. Jhs. und war bekannt für seinen Witz. »Mit den Weisen zu lächeln und den Reichen zu speisen«, lautet eine seiner von seinem Biographen James Boswell aufgezeichneten Devisen. Zahlreiche Manuskripte und Einrichtungsgegenstände sind erhalten.

Zwischenstopp: Restaurants

- Trotz der Spielautomaten in einem ihrer Räume hat die 1667 gebaute Taverne **Ye Olde Cheshire Cheese** (€€, 145 Fleet Street) ihren historischen und stimmungsvollen Charakter behalten. Zu den Literaten, die in dem verwinkelten Pub mit etlichen Bars und Speiseräumen einkehrten, gehörten u. a. Dr. Johnson, Charles Dickens, William Thackeray, James

Touren in der City of London

Tour ⑨
Ins Reich von Law and Order

1 St. Paul's Cathedral
2 St. Bride's Church
3 Dr. Johnson's House
4 Inner Temple
5 Middle Temple
6 Temple Church
7 Royal Courts of Justice
8 Sir John Soane Museum
9 Old Curiosity Shop
10 London Silver Vaults
11 Staple Inn

Tour ⑩
Im Herzen der City of London

12 Smithfield Central Market
13 St. Bartholomew-the-Great
14 Museum of London
15 Barbican Centre
16 Swiss Re Tower (The Gherkin)
17 Lloyds Building
18 Leadenhall Market
19 Monument
20 London Bridge
21 Fishmongers' Hall
22 St. Stephen Walbrook
23 Mansion House
24 Bank of England
25 The Royal Exchange
26 Stock Exchange
27 Guildhall
28 St. Mary-le-Bow

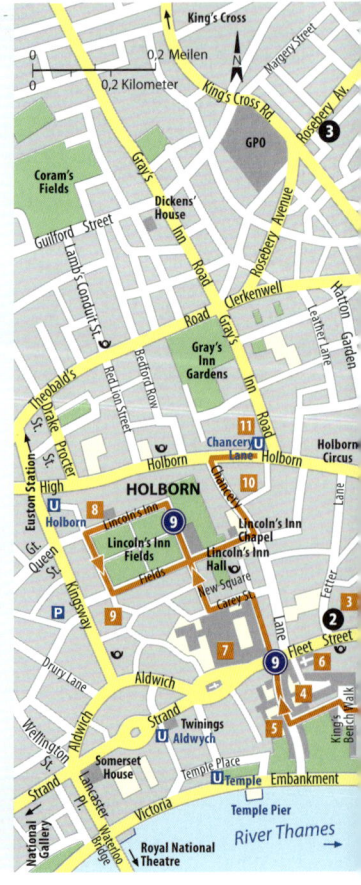

Boswell und Mark Twain. Ein Tipp für alle, die englische Küche probieren möchten: Ye Olde Cheshire Cheese ist **!** berühmt für Steak and Kidney Pie (Rindfleisch-Nieren-Auflauf).

• In der Fleet Street stand die Weinbar **El Vino 2** (€€, Nr. 47, www.elvino. co.uk, Sa, So geschl.) lange Zeit exemplarisch für die antiquiert-ablehnende Haltung gegenüber Frauen im Geschäftsleben der City. Das hat sich geändert: Längst sind sie nun gern gesehene Gäste, und auch für die Herren fiel die alte Kleiderordnung.

Inns of Court: Temple

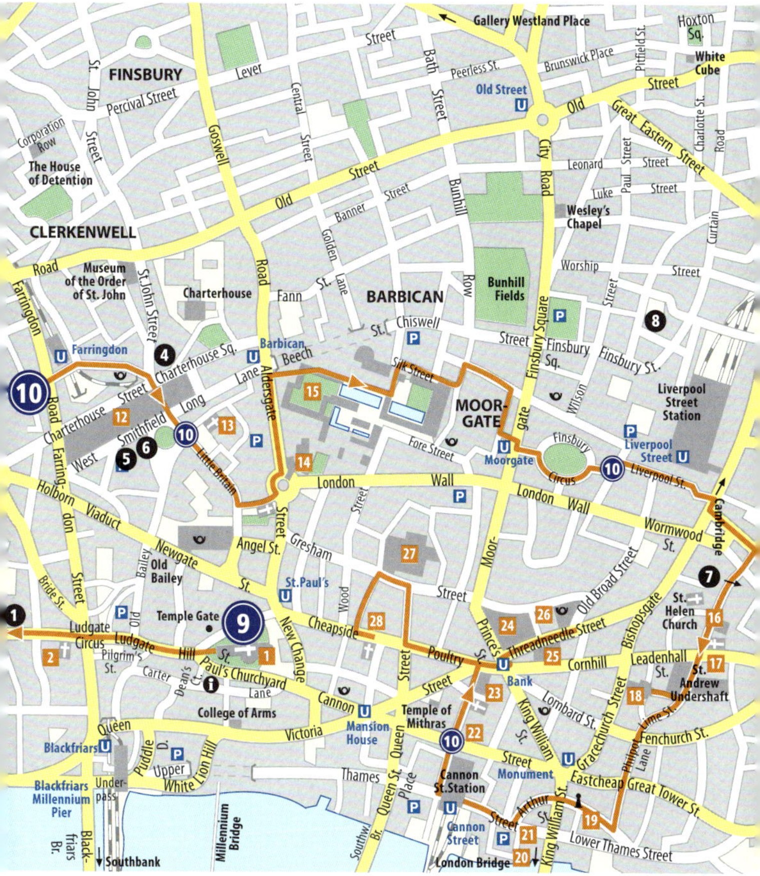

Der Hare Place führt von der Fleet Street in Richtung Themse zu den **Mitre Court Buildings,** dem Eingang zum **Inner Temple 4** [H3] und zum **Middle Temple 5** [H3]. Durch dieses Labyrinth von Gassen, Innenhöfen und Gärten mit College-Atmosphäre zu wandern ist ein Vergnügen – besonders abends, wenn die Gaslampen angezündet werden. Vieles scheint noch so wie in Charles Dickens' 1841 erschienenem Roman »Barnaby Rudge«. Die Inns (Rechtsschulen, in denen Anwälte und Studenten auch wohnten) wurden im 14. Jh. eingerichtet: Gray's Inn, Lincoln's Inn sowie Inner Temple und Middle Temple, alle mit Bibliothek, Vorlesungs- und Aufenthaltsräumen. Die Inns gelten noch immer als beste Adresse für Advokaten.

Die 1195 geweihte **Temple Church** **6** [H3], **!** eine der ältesten Kirchen Londons wurde vom Tempelritterorden nach dem Vorbild der Grabeskirche in Jerusalem gebaut. Die 1118 gegründeten »armen Kampfgenossen Christi und des Tempels Salomons« machten im Zeitalter der Kreuzzüge Geschäfte mit dem Schutz von Pilgern. Im 13. Jh. verkörperten sie die europäische Hochfinanz und besaßen wertvolle Immobilien. 1312 wurde der Orden aufgelöst, das Gelände den Knights Hospitallers, dem Johanniterorden, übergeben, der es an die Rechtsschulen verpachtete. (Kirche geöffnet meist Di–So, Tel. 020-7353 8559, manchmal Konzerte, www.temple church.com.)

Royal Courts of Justice
7 [H3] **– Lincoln's Inn Fields**

Weiter geht es nach Norden, zurück auf die Fleet Street. Das riesige neogotische Gebäude mit der Ausstrahlung einer Kathedrale sind die **Royal Courts of Justice,** auch bekannt als Law Courts. Während im **Old Bailey** Kriminalfälle verhandelt werden, führt man hier Zivilprozesse. Um den rechteckigen begrünten **New Square** gruppieren sich pittoreske Häuser aus dem 16. und 17. Jh. mit vielen namhaften Anwaltskanzleien. Hier einen Arbeitsplatz zu haben bedeutet, privilegiert zu sein.

Der nordwestliche Ausgang des New Square führt zu den **Lincoln's Inn Fields.** In dem kleinen zentralen Park – 1442 entstanden und unter den Tudors und Stuarts ein Ort der öffentlichen Hinrichtungen – spielen heute Anwälte gern Tennis.

Am nördlichen Ende der Lincoln's Inn Fields liegt das **Sir John**

! Erst-klassig

Londons Traditions-Pubs

....

- **The Only Running Footman:** Wie Mayfair eben: ein wenig edler als andere. › S. 47
- **Cat & Mutton:** Beliebter Pub in einem georgianischen Haus in Hackney (Ostlondon). › S. 47
- **The Gloucester:** Behagliches Ambiente im modischen Knightsbridge. › S. 109
- **Ye Old Cheshire Cheese:** Seit 1667 eine zuverlässige Adresse in der City. › S. 127
- **The George Inn:** Hier wechselten früher die Kutscher ihre Pferde in Southwark. › S. 144
- **The Prospect of Whitby:** In Wapping der angeblich älteste Themse-Pub. › S. 155

Die Temple Church aus dem 12. Jh. wurde auch Grablege der Tempelritter

Soane Museum **8** [H2]. Sir John Soane wurde hauptsächlich bekannt als Architekt der Bank of England › S. 134. Eine Erbschaft ermöglichte ihm den Kauf von drei spätgeorgianischen Häusern, die er miteinander verband und mit Elementen aus Neoklassizismus, ägyptischem Stil und Gotik variierte. Die Fassadengestaltung war so provokant, dass

SEITENBLICK

Abseits der Tour
Twinings Tea Shop [H3] ist seit 1717 eine Institution. Zum Laden gehört ein kleines Museum, das die Geschichte der Twinings Familie erzählt (216 The Strand).

   The College of Arms [J3], das Amt für Wappenkunde und Ahnenforschung, wurde 1484 gegründet. Es ist die offizielle Aufbewahrungsstätte für Waffenröcke, Wappen und Stammbäume (130 Queen Victoria St., Mo–Fr 10–16 Uhr, Tel. 020-7248 2762, www.college-of-arms.gov.uk).

Soane sie vor Gericht rechtfertigen musste. Der Architekt nutzte das Haus ebenso als Privatwohnung wie als Schaukasten seiner Arbeit. Neben den Modellen seiner Entwürfe sieht man Bilder von Hogarth, Reynolds und Turner sowie viele Kuriositäten **50 Dinge** ㉓ › S. 14, die er auf Reisen zusammentrug (Di–Sa 10 bis 17, letzter Einlass 16.30 Uhr, am 1. Di im Monat 18–21 Uhr, dann Führungen bei Kerzenschein, Eintritt frei, www.soane.org).

In der Südwestecke der Lincoln's Inn Fields führt die Portsmouth Street zum **Old Curiosity Shop** **9** [H3] (Nr. 13/14). 1567 gebaut, lieferte er Charles Dickens die Inspiration für die gleichnamige Geschichte. Mittlerweile werden in dem windschiefen Gebäude handgearbeitete Schuhe verkauft.

London Silver Vaults **10** [H2] und Staple Inn

Zurück am New Square, führt der Weg durch die Stone Buildings zum

Old Square. Man verlässt ihn durch sein Tor zur **Chancery Lane** und steht genau gegenüber dem Schriftzug »**London Silver Vaults**«. Der Eingang zu den »Silbergewölben« liegt um die Ecke in den Southampton Buildings. Mächtige Stahltüren öffnen sich zu einer gloriosen unterirdischen Welt. Rund 50 Händler offerieren hier das angeblich größte Silberangebot der Welt (Mo bis Fr 9–17.30, Sa 9–13 Uhr, www. thesilvervaults.com).

Bei den Southampton Buildings öffnet sich ein kleines Tor zu einem hübschen Garten und direkt zur Straße Holborn. Holborn war einst ein lebendiges Einkaufsquartier. An der Ecke Holborn/Gray's Inn Road liegt das prächtige **Staple Inn** **11** **[H2]**, ein ehrwürdiges Gebäude, das auf Shakespeares Zeit zurückgeht und einst Herberge der Wollhändler war (1753 erneuert).

Leider ist das Gebäude für die Öffentlichkeit heute nicht mehr zugänglich.

Tour **10** Im Herzen der City of London

Verlauf: Smithfield Market ›
St. Bartholomew-the-Great ›
Museum of London › **Barbican Centre** › **Liverpool Street Station** ›
Swiss Re Building und Lloyds Building › **Leadenhall Market** ›
Monument › **London Bridge** ›
Mansion House › **Bank of England** › **Royal Exchange** › **Guildhall** ›
St. Mary-le-Bow

Karte: Seite 126
Dauer: Reine Gehzeit 3 Std.
Praktische Hinweise:
- Startpunkt ist die Ⓤ Farringdon in einem alten, volkstümlichen Teil der City, wo das Marktleben des Smithfield Market die Atmosphäre prägt, v. a. wochentags.
- Das sehenswerte Museum of London hat täglich geöffnet, die Aussichtplattform des Monument ebenfalls (bis 17 Uhr).
- Ein fester Termin sind freitags die Lunchtime-Konzerte in St. Stephen Walbrook, Mo–Fr haben auch die Lokale um Mansion House Hochkonjunktur in Bankerkreisen.
- Endpunkt der Tour: Ⓤ Mansion House

Tour-Start: Um den Smithfield Central Market **12** [J2]

Für den letzten Großmarkt im Zentrum Londons, den **Smithfield Central Market,** baute der auf Markthallen spezialisierte Architekt Sir Horace Jones eine wunderschöne viktorianische Glas- und Eisenkonstruktion.

Der alte Fleischmarkt war für seinen Gestank ebenso berüchtigt wie für die stets betrunkenen Händler und den Verkauf von Ehefrauen im 19. Jh. Da Scheidungen in jener Zeit sehr schwierig waren, hatten Markthändler einfach ihre ungeliebten Frauen mitgebracht und sie zusammen mit ihrer »normalen« Ware zum Verkauf angeboten. All dem wurde ein Ende gesetzt, als eine neue Markthalle entstand, in der nur mit Schlachtfleisch gehandelt werden durfte.

Bis vor wenigen Jahren galt dieses Viertel als Niemandsland zwischen City und West End – bis die Szene den Reiz der leer stehenden Industriegebäude entdeckte. Heute mischen sich rund um den Markt historische Schenken und progressive Galerien zu einem kosmopolitischen Cocktail.

Zwischenstopp: Restaurants

- Fünf Minuten vom Smithfield Market entfernt (in westlicher Richtung) ist die **Brasserie Caravan** ❸ (€€) im lebendigen Viertel Exmouth Market (11–13 Exmouth Market, Tel. 0207-833 8115) einen Besuch wert.
- In der einstigen Räucherei **St. John** ❹ (€€) bereitet die Küche britische Klassiker wie Roastbeef mit Meerrettichsauce zu (26 St. John St., So geschl.).
- **The Grill on the Market** ❺ (€€) hat ein großes Angebot an Steaks und Meeresfrüchten (2–3 West Smithfield, Tel. 020-7246 0900, So geschl.).
- Eine weitere empfehlenswerte Adresse ist das Geschäft und Restaurant/Café **Carluccio's** ❻ (€) mit gutem italienischem Kaffee und besten Snacks (12 West Smithfield, tgl.).

St. Bartholomew-the-Great ⏹13 ⭐ [J2]

Anno 1123 gründete der Kapuzinermönch Rahere das St. Bartholomew's Hospital. Schräg gegenüber führt ein elisabethanisches Torhaus zu St. Bartholomew-the-Great, der zweitältesten Kirche Londons. Das

St. Bartholomew-the-Great, Innenhof

Gotteshaus wurde zeitgleich mit dem Hospital erbaut und ist, nach sorgfältiger Restaurierung, ein Musterexemplar des normannischen Stils. Hier ein Konzert zu besuchen hat durch die ❗ mittelalterliche Atmosphäre des Kirchenraums besonderen Reiz.

Im Sträßchen **Little Britain** sieht man die Kuppel der St. Paul's Cathedral und die komplexe Mischung der Bauten aus dem Mittelalter, dem 18., 19. und 20. Jh. Der Architekturmix spiegelt den steten Neuaufbau der City nach Bränden und Bombenangriffen.

Museum of London ⏹14 ⭐ [J2]

Dieses Museum bringt dem Besucher die Geschichte der City und ganz Londons nahe. In chronologischer Anordnung entfalten nachempfundene Straßenszenen und Interieurs – etwa ein elisabethanischer Salon, Kostüme des 18. Jhs., viktorianische Ladenfronten und ein Friseurladen der 1930er-Jahre –

Der Leadenhall Market strahlt wieder im Glanz der viktorianischen Zeit

ein eingängiges Bild des Wandels über die Jahrhunderte (tgl. 10–18, letzter Einlass 17.30 Uhr, www. museumoflondon.org.uk).

Barbican Centre 15 [J/K2]

Die kantige Betonlandschaft des Barbican Centre entstand in den 1960er-Jahren als Prestigeprojekt mit Apartments, Büros und Kulturhallen.

Man betritt den Komplex durch Gate 9 von den Grünanlagen der Beech Street her. Treppen führen hinunter zur **Lakeside Terrace,** einer Piazza mit künstlichem See, Restaurant und Springbrunnen – typisch für die Idee vieler Architekten, ein Stück Florenz im modernen London zu reproduzieren. Der idyllische Wintergarten kann für festliche Anlässe gemietet werden.

Etabliert hat sich das Barbican Centre als Veranstaltungsort für Konzerte, Tanzevents, Kunstausstellungen und Filmabende. Haupt-eingang in der Silk Street; www. barbican.org.uk.

Zwischen Liverpool Street Station und Fenchurch Street

Jenseits von Moorgate drängen sich auch um den gepflegten Garten des **Finsbury Circus** die Büros großer Firmen. Direkt neben dem viktorianischen Bahnhof **Liverpool Street,** heute mit Hightech-Anbauten versehen, leuchtet ziegelrot das **Andaz Hotel** (Teil der Hyatt-Hotelgruppe, vormals Great Eastern Hotel) mit Restaurants, Bars und Pub.

Unübersehbar erhebt sich – Luftlinie ca. 300 m südlich – gleich bei der Kirche St. Andrew Undershaft der glitzernde **Swiss Re Tower** 16 [L3], der offiziell nach seiner Adresse 30 St. Mary Axe heißt und im Volksmund **The Gherkin** (»die Essiggurke«) genannt wird. Sir Norman Foster entwarf das knapp 180 m hohe, unverwechselbare Bürogebäude. Seine Struktur prägt ein oben spitz zulaufendes Geflecht aus Stahl, gefüllt mit spiegelndem Glas.

Auf der anderen Seite der kleinen Kirche ragt der auffällige Stahlkoloss des **Lloyds Building** 17 [K/L3] auf, entworfen von Richard Rogers, 1986 eingeweiht.

Zu jüngeren baulichen Highlights der City gehören unter anderem das »Cheesegrater«-**Bürohochhaus** von Richard Rogers und die gläserne Zentrale der **Rothschild-Bank** von Rem Kohlhaas. Von hier hat man auch einen guten Blick auf Renzo Pianos **The Shard** an der Südseite der London Bridge.

Von Whittington Avenue her betritt man den **Leadenhall Market** 18 [K3] auf dem Gelände des römischen Forums und der Basilika. Im frühen 14. Jh. fand hier der Geflügelmarkt statt. Nach der Restaurierung der großartigen Arkade im 20. Jh. findet man in den Lebensmittelläden nun vornehmlich britische Edelprodukte und Cafés für junge Banker. Am schönsten ist der Markt zur Weihnachtszeit.

In der Umgebung von Lime St. und Philpot Lane finden sich Herrenfachgeschäfte wie **Moss Bros.** An die weiblichen City-Angestellten, die mehr und mehr die Männerwelt der City erobern, richtet sich **Next**.

Monument 19 [K3]

Zur Erinnerung an das Große Feuer entwarfen Robert Hooke und Christopher Wren die 62 m hohe Säule des Monument.

Genau 62 Meter westlich davon war am 2. September 1666 in einer Bäckerei in der Pudding Lane ein Brand ausgebrochen, der in wenigen Tagen etwa 13 000 Häuser und 87 Kirchen in der Altstadt zerstörte.

Die hohle dorische Säule mit ihrer goldenen Flammenkrone ist heute von modernen Bauten eingezwängt, doch ! der Aufstieg über 311 Stufen zur Aussichtsplattform lohnt sich (tgl. 9.30–17 Uhr).

Wegweiser leiten zum **Riverside Walk** unter der London Bridge.

London Bridge 20 [K3]

Die London Bridge war einer der wichtigsten Verkehrswege im mittelalterlichen London. Sie spannt sich etwas westlich der ersten römischen Holzbrücke über die Themse. Im 12. und 13. Jh. errichtete man eine Steinbrücke, bebaut mit Wohnhäusern, Läden und Kapellen, die alle im 18. Jh. abgerissen wurden.

Nach 500 Jahren entstand ein Neubau, den die heutige Brücke aus den 1970er-Jahren ersetzte. Hier hat man ein ! fantastisches 360-Grad-Panorama der Stadt.

Am Themseufer westlich der London Bridge steht die **Fishmongers' Hall** 21 [K3], einst das Zunfthaus der Fischhändlergilde von 1834. Ein Umbau nach Plänen von Richard Rogers verwandelte das Erdgeschoss in die mit 8500 m² größte Bürohalle der City.

St. Stephen Walbrook 22 [K3]

Die Pfarrkirche des Lord Mayor, des Oberbürgermeisters der City, ist ein im 17. Jh. von Christopher Wren erbautes Juwel. Den Altar schuf

Henry Moore, doch am interessantesten ist wohl das Telefon in einem Glaskasten: ein Monument zu Ehren des Rektors Chad Varah, der bereits 1953 einen Telefonseelsorgedienst einrichtete. In **St. Stephen Walbrook** finden freitags ❗ wundervolle Lunchtime Concerts statt (Info: Tel. 020-7626 9000).

Mansion House 23 [K3]

Diese offizielle Residenz des Lord Mayor symbolisiert den Sonderstatus und die Unabhängigkeit der City of London › **S. 61**. Als einzige Privatresidenz in Großbritannien verfügt der klassizistische Bau über ein ei-

---

> ❗ **Erst-klassig**

Kirchenkonzerte, auch zur Lunchtime

....

- **St. Martin-in-the-Fields:** Berühmt für großartige Barockmusik bei Kerzenschein. › **S. 75**
- **Grosvenor Chapel:** Mayfairs Kirche der Society, die auch die gratis Mittagskonzerte schätzt. › **S. 83**
- **St. James's Piccadilly:** Mittagskonzerte einen Steinwurf von der Oxford Street entfernt. › **S. 84**
- **St. Bartholomew-the-Great:** Die romanische Architektur trägt zur besonderen Stimmung der Konzerte bei. › **S. 131**
- **St. Stephen Walbrook** und **St. Lawrence Jewry:** Mittagskonzerte in zwei Kirchen von Christopher Wren in der City. › **S. 134, 135**

---

genes, mittlerweile aber nicht mehr benutztes Gefängnis.

Tempel der Finanzwelt

Nördlich des Mansion House stößt man auf das Zentrum der Finanzmacht in London. Hier existiert ein Mikrokosmos des britischen Klassensystems, doch seit der technologischen Revolution zählt Fachwissen mehr als nur ein absolviertes Studium an einer Elite-Uni.

Die festungsartige Anlage der **Bank of England** 24 [K3] unterstreicht den Machtanspruch des Finanzinstituts. Die Bank kann Ministern Mahnbriefe schreiben, falls sie Konten ihrer Ressorts überzogen haben. Ein kleines **Museum** › **S. 28** illustriert die Geschichte der Institution, ihre Arbeit als nationale Notenbank und das britische Finanzsystem. Wer mag, kann dort selbst einmal testweise Börsenhändler spielen.

In der Threadneedle Street eröffnete bereits im Jahr 1567 **The Royal Exchange** 25 [K3] als Warenbörse für Kaufleute. Herzstück des ursprünglichen Gebäudes war ein Innenhof, in dem die Kaufleute und Händler ihre Geschäfte betrieben.

Nach zwei Bränden wurde die königliche Börse im 19. Jh. neu erbaut. In den Hofarkaden locken nun Luxusläden und Weinbars – und *shoe shine boys* wienern die Schuhe der Banker.

Das **Threadneedles Hotel** (€€€) in Nr. 5 der gleichnamigen Straße wandelte sich von einer Bank zum luxuriösen Boutiquehotel (Tel. 020-7657 8080, www.hotelthreadneed

Erste Institution der Finanzen in Großbritannien: die Bank of England

les.co.uk) und eignet sich bestens für eine gepflegte Pause bei einen Drink an der Bar.

Zwischenstopp: Weinbars

Unter gestresste Banker kann man sich Mo–Fr in den beiden Bars **Balls Brothers** 7 (€€, 38 St. Mary Axe) und **Corney & Barrow** 8 (€€, 5 Exchange Square) mischen.

Etwas nördlich von hier konkurriert im internationalen Aktienhandel Londons **Stock Exchange** 26 [K3] mit den Börsen in Frankfurt, Tokyo und New York. Auf dem »Trading Floor«, einst faszinierend in seiner hektischen Aktivität, findet heute nur noch der Optionenhandel statt. Die insgesamt 60 000 Geschäfte, die hier pro Tag abgeschlossen werden, laufen über Computer und Telefon. Seit einem Bombenanschlag der IRA bleibt die Besuchergalerie geschlossen.

Guildhall 27 [K3]

Zwischen Cheapside und London Wall erinnert viel an die Blütezeit der Zünfte im 15. Jh. Seit 800 Jahren dient die Guildhall als administratives Zentrum der City und wird häufig für offizielle Bankette genutzt. Innerhalb des Komplexes liegt **St. Lawrence Jewry**. Sie zählt zu den Kirchen, die dem Großen Feuer 1666 zum Opfer fielen und von Christopher Wren neu gebaut wurden – und einen **!** stimmungsvollen Rahmen für die hörenswerten Mittagskonzerte bietet.

St. Mary-le-Bow 28 [K3]

Nur wer in Hörweite der Glocken dieser Kirche normannischen Ursprungs zur Welt kommt, heißt es, ist ein echter Cockney. Der alte Spitzname bezeichnet außer der Zugehörigkeit zur Londoner Stadtbevölkerung auch einen markanten Dialekt.

DAS SÜDUFER DER THEMSE

Kleine Inspiration

- **Vom London Eye** bis in die Innenhöfe des Parlamentsgebäudes blicken. › S. 138
- **Das perfekte Themsepanorama** beim Abendbummel an der South Bank genießen, vorbei am farbig angestrahlten National Theatre. › S. 139
- **Einen Tee** im Market Café des Borough Market trinken. › S. 144
- **Den neuen Wolkenkratzer »The Shard«** sowie »Old London« im umliegenden Viertel Bermondsey erkunden. › S. 144

Der Weg ist das Ziel – das Panorama einzigartig zwischen Westminster Bridge und Tower Bridge, erlebenswert auch die Theater, Gegenwartskunst in der Tate Modern und das alte Southwark.

Vom Südufer der Themse aus erschließt sich London aus einer anderen Perspektive: Einerseits bietet sich das Panorama der berühmten Londoner »Sights« von den Houses of Parliament bis zu zur Tower Bridge. Andererseits ist man immer wieder erstaunt über die Entwicklung der South Bank. Lambeth Palace zählt zu den bekannten Wahrzeichen der Metropole, die neuen *landmarks* heißen South Bank Centre, Tate Modern und The Shard, teils brandneu, teils entstanden aus Ruinen. Die ehemaligen Docks sind heute ein exklusives Wohnviertel, durch das nur noch ein Hauch des alten Hafenzaubers weht. Authentisch wirkt Southwark rund um den Borough Market, wo schon Shakespeare verkehrte – und im neuen Globe wird wieder Theater gespielt.

Touren am Südufer der Themse

Tour 11 — Unterwegs an der South Bank

Verlauf: Westminster Bridge › Lambeth Palace › London Eye › Royal Festival Hall › Hayward Gallery › Royal National Theatre

Karte: Seite 138
Dauer: Gehzeit 1 Std.
Praktische Hinweise:
- Der Spaziergang von der Ⓤ Westminster zur Ⓤ Waterloo lohnt sich bei schönem Wetter, auch abends.
- Wer Museen einflechten will, sollte am frühen Nachmittag starten.
- Das London Eye dreht sich im Juli/August bis 21.30, sonst kürzer.

Tour-Start:
Wer am Ostende der **Westminster Bridge** [G/H4] zunächst ein paar Schritte nach Süden geht, genießt den direkten Blick auf die Houses of Parliament.

Florence Nightingale Museum **1** [H4]
Das Museum erzählt die ungewöhnliche Lebensgeschichte der »Lady mit der Lampe«. Als junge Krankenschwester sah Florence Nightingale (1820–1910) im Krimkrieg das Elend der Verwundeten und machte sich dann um eine bessere Krankenpflege verdient. (St. Thomas's Hospital, 2 Lambeth Palace Rd., tgl. 10–17 Uhr.)

Borough Market in Southwark

Lambeth Palace – The Garden Museum 2 [H5]

Die ehemalige Londoner Residenz der Erzbischöfe von Canterbury ist nicht zugänglich, aber ihr Backsteintorhaus (15. Jh.) zählt zu den Wahrzeichen des südlichen Themseufers. Das **Museum of Garden History** nebenan (u. a. in der im 14. Jh. gebauten und 1972 profanisierten Kirche St. Mary-at-Lambeth) widmet sich auch den Tradescants, einer Familie königlicher Gärtner des 16. und 17. Jhs. Teil des Museums ist die Nachbildung eines *Knot Garden* aus dem 17. Jh mit ornamental geschnittenen Buchshecken (So–Fr 10.30–17, Sa 10.30–16 Uhr; £ 7,50. Souvenirshop, nettes Café).

London Aquarium 3 [H4]

Wo in der ehemaligen **County Hall** einst die Bürokratie die Oberhand hatte, tummeln sich nun Hunderte heimischer und exotischer Fischarten, große Haie inklusive! (tgl. 10 bis 19 Uhr, letzter Einlass 60 Min. früher, www.visitsealife.com).

London Eye 4 [H4]

Das 135 m hohe Riesenrad (das höchste der Welt) bietet seit der Jahrtausendwende Besuchern **!** einen kilometerweiten Blick über die Stadt. Die 25-minütige Drehung um 360° erlebt man in 32 geschlossenen Hightech-Glaskabinen für 25 Personen. Das London Eye wurde aus 1700 t Stahl erbaut und ist 30 m höher als die St. Paul's Cathedral (Geöffnet in der Regel 10 bis

Tour an der South Bank

Tour 11

Unterwegs an der South Bank

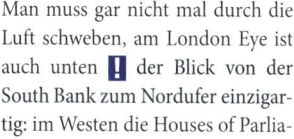

Blick vom London Eye über die Themse zu den Houses of Parliament

20.30 Uhr, im Frühling/Sommer auch länger. Standardticket £ 20,95, Kinder 4–15 Jahre £ 15, unter 4 Jahren frei. Onlinebuchung preiswerter, Vorausbuchung empfohlen unter Tel. 0871-781 3000, tgl. 9 bis 17 Uhr, www.londoneye.com).

Themsepanorama ⭐

Man muss gar nicht mal durch die Luft schweben, am London Eye ist auch unten ❗ der Blick von der South Bank zum Nordufer einzigartig: im Westen die Houses of Parliament, Big Ben und die Westminster

SEITENBLICK

Abseits der Tour

Im frisch renovierten **Imperial War Museum** [H/J5] dokumentieren Flugzeuge, Uniformen und Geschütze die britische Kriegsgeschichte seit 1914. Im Anbau wird die Holocaust-Ausstellung gezeigt (Lambeth Road, tgl. 10–18 Uhr, Eintritt frei, www.iwm.org.uk, Ⓤ Lambeth North).

Bridge, unmittelbar gegenüber silbrig leuchtend die postmoderne Bahnhofsfassade der **Charing Cross Station.** Die abends beleuchtete Eisenbahnbrücke **Hungerford Bridge** (1845 ursprünglich nur für Fußgänger geplant, 2002 neu eröffnet) wird von Fußgängerbrücken flankiert.

Dahinter sieht man **Cleopatra's Needle.** Der auf ca. 1450 v. Chr. datierte Granitobelisk wurde Großbritannien 1819 vom ägyptischen Vizekönig Mehemet Ali geschenkt und 1879 aufgestellt.

Southbank Centre

Die **Royal Festival Hall** 5 [H4] entstand 1951 auf einem Trümmergrundstück und symbolisierte den Aufschwung des Südufers. Von 2005 bis 2007 aufwendig renoviert, hat die Konzerthalle heute eine wunderbare Anbindung ans Flussufer. Auch kleine Passagen mit Buch- und Kuriositätenläden sind entstanden. Das Gebäude ist Teil des **Southbank Centre** [H4], das auch die **Queen Elizabeth Hall** **6** (mit Purcell Saal) und die **Hayward Gallery** **7** (v. a. zeitgenössische Kunst) umfasst (Belvedere Rd., www.south bankcentre.co.uk).

Unter den diversen Restaurants und Cafés des Southbank Centre schneidet das **Canteen** (€€) mit modern-britischen Gerichten besonders gut ab, z. B. der gebratenen Ente mit Apfelsauce (Belvedere Rd., Tel. 0845-686 1122, tgl.).

Themseabwärts kommt das **BFI Southbank** **8** **[H4]** (British Film Institute) in Sicht, auf dessen Vorplatz täglich antiquarische Bücher verkauft werden. Auf den drei Leinwänden sind oft anderswo kaum noch gezeigte Kultfilme zu sehen. Neu ist die **Mediatheque,** in der man Zugang zu jedem Film im Archiv des BFI hat (www.bfi.org.uk).

Royal National Theatre **9** ⭐ **9** **[H3/4]**

Der 1976 eröffnete Bau im Design von Sir Denys Lasdun, eine abstrakte Kombination aus vertikalen und horizontalen Betonbaugliedern, hat viele Kritiker. Doch wenn das Gebäude abends farbig angestrahlt ist, verstummen selbst die härtesten Gegner. Gespielt wird auf den drei Bühnen **Lyttelton Theatre, Olivier Theatre** (nach dem ersten Direktor Laurence Olivier, Star der traditionsreichen National Theatre Company) und **Cottesloe Theatre.** Im Foyer gibt es oft Livejazz. Die knallrote »Hütte« vor der Tür ist die Experimentierbühne **The Shed** (Vorstellungen bis 2017, nur im Sommer, www.nationaltheatre.org.uk).

Tour 12 Durch Southwark nach Osten

Verlauf: Gabriel's Wharf › **Tate Modern** › **Shakespeare's Globe Theatre** › **Southwark Cathedral** › **HMS Belfast** › **Tower Bridge** › **Design Museum**

Karte: Seite 142
Dauer: Reine Gehzeit 1 Std.
Prakische Hinweise:

- Ideal wäre abermals ein sonniger Tag für den Uferspaziergang, beginnend an der Ⓤ Waterloo oder der Ⓤ Southwark, bis zur Tower Bridge (Ⓤ Tower Hill). Allerdings liegen derart interessante Sehenswürdigkeiten am Weg, dass das Wetter zweitrangig wird. Viele schließen gegen 17 Uhr, am Fr/Sa ermöglicht die Tate Modern Kunstgenuss bis 22 Uhr.
- Der Borough Market ist Do relativ ruhig, Fr/Sa sehr voll.

Tour-Start:

Farbenfroher Auftakt zum Spaziergang ist **Gabriel's Wharf** mit Cafés, Lokalen und kleinem Trödelmarkt. Die benachbarte **Oxo Tower Wharf** **10** **[H/J3]** wurde im 19. Jh. als Kraftwerk gebaut und in den 1920ern vom Brühwürfelhersteller OXO erworben. Die Fenster des Turms bilden das Wort OXO: eine clevere Lösung, um das Verbot von großen Werbeflächen zu umgehen. Heute befinden sich hier Wohnungen, Designerläden und eine Kunstgalerie.

Die Tates ⭐

Imposant beherrscht die frühere Bankside Power Station das Themseufer von Southwark. Nach dem Umbau gelangte das Kraftwerk von 1930 zu ungeahnter Popularität: als **Tate Modern** 11 [J3], dem im Jahr 2000 eröffneten zweiten Londoner Haus der Tate Gallery.

Angefangen hatte alles mit einer Schenkung: Der Zuckermagnat Henry Tate vermachte seine Sammlung britischer Kunst dem Staat und schuf damit den Grundstock der 1897 eröffneten Nationalgalerie britischer Kunst – die ursprüngliche Tate Gallery. Ende der 1990er-Jahre wurde entschieden, die im Lauf der Jahrzehnte ständig angewachsene Sammlung aufzuteilen und in zwei Häusern zu zeigen. Im Gebäude der ehemaligen Nationalgalerie, jetzt **Tate Britain** › **S. 79** verblieb die britische Malerei vom 16. Jh. bis heute, u. a. Portraits von Thomas Gainsborough, George Stubbs' Pferde-

bilder, die Landschaften von John Constable und William Turner.

Die **Tate Modern** wurde Heimat der größten Kunstgalerie Europas für zeitgenössische Kunst ab 1900, mit einer permanenten Kollektion (u. a. Picasso, Braque, Monet, de Chirico, Miró, Joseph Beuys, Andy Warhol) und Wechselausstellungen internationaler Künstler.

Große Magneten sind die oft spektakulären Ausstellungen in der Turbinenhalle und in den umgebauten Öltanks. Eine Fußgängerbrücke führt von der Turbinenhalle zu einem neuen Anbau von Herzog & de Meuron, der 2016 eröffnet werden soll. (So–Do 10–18, Fr, Sa 10–22 Uhr, www.tate.org.uk).

Verbunden sind die beiden Tates über die Themse mit dem **Tate to Tate Boat** › **S. 80**. Die 350 m lange, von Sir Norman Foster entworfene **Millennium Bridge** führt über den Fluss zur St. Paul's Cathedral.

- Für seine Pizza erhielt das familienfreundliche Restaurant **Gourmet Pizza Co. ❶** (€) in Gabriel's Wharf bereits Preise (56 Upper Ground, Tel. 020-7928 3188, tgl.).
- Das Beste am **Oxo Tower Restaurant ❷** (€€) im 8. Stock ist die ⚠️ Aussicht von der Terrasse (Barge House Street, Tel. 020-7803 3888, tgl., moderne britische Küche).

Shakespeare's Globe Theatre 🔲12 ⭐ [J3]

In Bankside ist eine Legende wieder auferstanden: der runde Holzbau des Globe. Das Theater, an dem Shakespeare inszenierte und selbst auftrat, stand Ende des 16. Jhs. etwas östlich der jetzigen Stelle. Selbst beim Material – Eichenbalken sowie Putz aus Kalk, Sand und Ziegenhaar – orientierte sich die Rekonstruktion eng am historischen Vorbild. **50 Dinge** ㉗ › S. 15. Die Spielzeit währt von Mai bis September. Gespielt wird wie im elisabethanischen Theater: ohne Bühnenbild bei Tageslicht. Zischen und Buhen ist erlaubt wie zu Shakespeares Zeit.

Anfang 2014 eröffnete zusätzlich das überdachte **Sam Wanamaker Playhouse** mit zeitgenössischen Dramen (www.shakespearesglobe.com).

Wo heute der Pub **The Anchor** (€) steht, kehrten schon vor Jahrhunderten Gäste auf der Durchreise ein (34 Park Street, tgl.).

Clink Street und The Golden Hinde

Östlich der Bahnbrücke erinnern in der Clink Street noch ein paar Ruinen an den Palast der katholischen Bischöfe von Winchester (Residenz 12.–18. Jh.). Sie finanzierten ihren aufwendigen Lebensstil mit dem »Management« der lokalen Prosti-

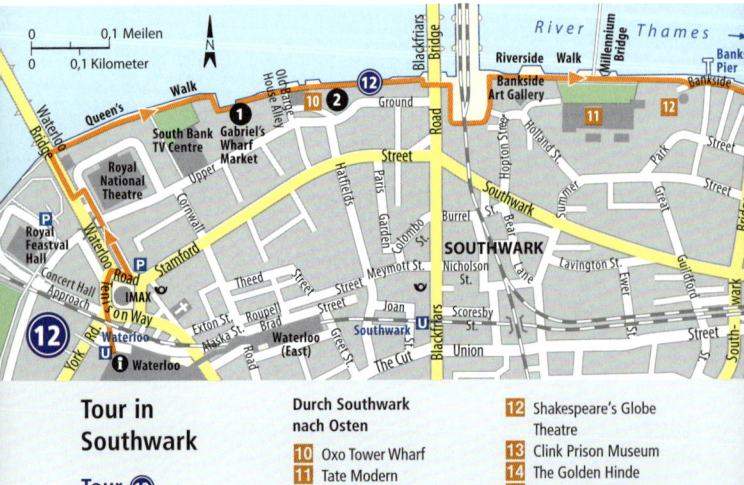

Tour in Southwark

Tour ⑫

Durch Southwark nach Osten

⑩ Oxo Tower Wharf
⑪ Tate Modern

🔲12 Shakespeare's Globe Theatre
🔲13 Clink Prison Museum
🔲14 The Golden Hinde
🔲15 Southwark Cathedral

tuierten. Hielten sich die »Winchester Gänse« allerdings nicht an die Regeln, verschwanden sie im berüchtigten Clink-Gefängnis.

Das **Clink Prison Museum** 13 [K3/4] dokumentiert die Geschichte der Bordelle und des Kerkers (Mo bis Fr 9–18 Uhr, www.clink.co.uk).

Eine Attraktion für Weingenießer lockt an der Ecke Bank End/Clink Street: **Vinopolis** [K3/4], ein Weinmuseum samt Restaurant in einem viktorianischen Lagerhaus. Während einer Vineyard Tour durch die wichtigsten Weinregionen der Welt kann man sich mittels Audioguide über alte Rebsorten und junge Weingüter informieren und einige Weine probieren (Do, Fr 12–22, Sa 11–22, So 12–18 Uhr, Voranmeldung erforderlich: Tel. 020-7940 8300, www.vinopolis.co.uk).

The Golden Hinde 14 [K3] im St. Mary Overie Dock ist eine Rekonstruktion von Sir Francis Drakes Schoner (16. Jh.) und heute ein schwimmendes Museum. Unterhaltsam ist auch die Crew in elisabethanischer Montur, die gern Seemansgarn spinnt (in der Regel tgl. 10 bis 17.30 Uhr geöffnet, www.goldenhinde.com).

Southwark Cathedral 15 ★ [K4]

Der Bug der Golden Hinde weist in die Richtung der Southwark Cathedral, 1106 von Augustinern als Klosterkirche St. Mary Overie (»over the river«) gegründet. Nach einem Brand Anfang des 13. Jhs. entstand der große gotische Bau, von dem bis heute Teile erhalten sind. 1905 erhielt die Kirche den Rang einer Kathedrale.

Der Komplex des restaurierten Baus – ein normannisches Portal öffnet sich zur Themse hin – um-

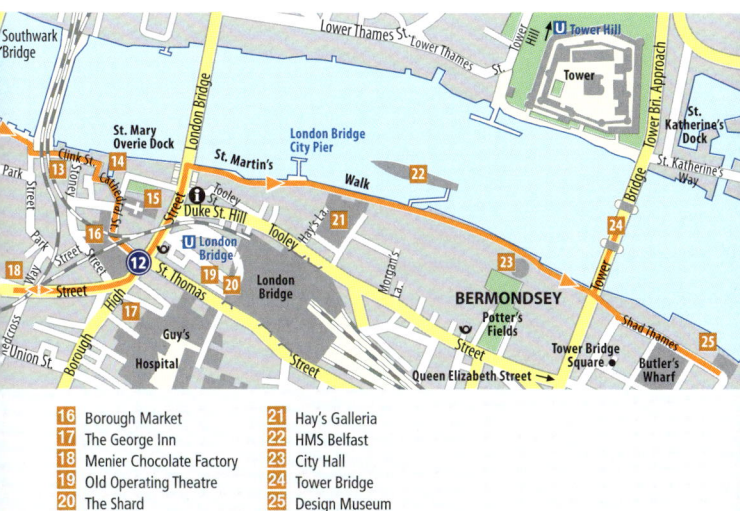

16	Borough Market	21	Hay's Galleria
17	The George Inn	22	HMS Belfast
18	Menier Chocolate Factory	23	City Hall
19	Old Operating Theatre	24	Tower Bridge
20	The Shard	25	Design Museum

fasst jetzt auch einen idyllischen Kräutergarten, ein Besucherzentrum sowie ein **Restaurant** › S. 49.

Der gemischte Chor der Kathedrale ist bekannt für sein modernes Repertoire. Nach dem 11-Uhr-Gottesdienst am Sonntag gibt es im Garten Kaffee und Gelegenheit zu einem Schwatz mit den Gemeindemitgliedern.

Borough Market 16 [K4] und Umgebung

Londons ältester Gemüsemarkt ist auch einer der populärsten mit fantastischem Angebot. Nach einem großen Umbau hat sich das Angebot an kulinarischen Genüssen über die viktorianische Markthalle hinaus bis zur neuen »Vinopolis Piazza« ausgebreitet (Italien scheint die Oberhand zu haben). ❗ Trotzdem lebt in den engen Gassen rund um den Markt noch ein Stück altes London mit viel Charme. Fr/Sa ist der Markt hoffnungslos überfüllt (Stoney St., Mo–Do 10–17, Fr 10–18, Sa 8–17 Uhr.) Die Empfehlung zum Lunch: **Fish** (Cathedral St.).

Nicht allzu weit entfernt in der Borough High Street hat die 1542 gegründete Taverne **The George Inn** 17 [K4] (€), ❗ die einzige erhaltene Postkutschenstation Londons, ihre mittelalterliche Fachwerk-Romantik ins 21. Jh. gerettet. Hier kippte schon Shakespeare sein Ale. Da die Docks und Lagerhäuser nahe der London Bridge traditionell auf Tee und Kaffee spezialisiert waren, gab es im George Inn bereits im 17. Jh. einen Coffee Room. (77 Borough High St., Tel. 020-7407 2056, tgl.)

Unweit von hier gibt es in der **Menier Chocolate Factory** 18 [K4] experimentelles Theater und Hamburger oder Tagliatelle im hauseigenen Restaurant (53 Southwark St., Tickets: Tel. 020- 7378 1713, www.menierchocolatefactory.com; Restaurant Mo geschl., €). Populär ist auch der Weekend-Brunch im Restaurant **The Table Café**, (€), das modern-britische Küche serviert (83 Southwark St., Tel. 020-7401 2760, www.thetablecafe.com, tgl.)

Von der Hay's Galleria zur City Hall

Die glasüberdachte Einkaufsarkade **Hay's Galleria** 21 [K4] ist eine typische Docklands-Kreation: 1857 als Teelager gebaut, beherbergte sie das erste Kühlhaus; ab 1867 wurden Butter und Käse aus Neuseeland ge-

SEITENBLICK

Abseits der Tour

The Old Operating Theatre 19 [K4]: Das gruselige kleine Museum zeigt die Geschichte der Chirurgie im 19. Jh. (tgl. 10.30–17 Uhr, 9a St. Thomas's St., www.thegarret.org.uk).

Das spektakuläre Hochhaus **The Shard** 20 [K4], entworfen von Renzo Piano, bietet auf den Etagen 68, 69 und 72 ein sensationelles London-Panorama (www.the-shard.com).

Samstagmorgens ist der Wochenmarkt am **Bermondsey Square** [L5] einen Besuch wert. › S. 52

Avantgardekunst zeigt die Galerie **White Cube** [L4] (Di–Sa 10–18, So 12 bis 18 Uhr, 144–152 Bermondsey St., www.whitecube.com).

lagert. Heute glänzt die Shopping-arkade in den von Prinz Charles so geschätzten »menschlichen Propor-tionen« mit historischem Charme. Geht man hindurch, gelangt man wieder zur Themse, wo die **HMS Belfast** 22 [L4] fest vertäut liegt. Europas größtes Kriegsschiff aus dem Zweiten Weltkrieg kann von der Kommandobrücke bis zu den Ma-schinenräumen erkundet werden (März–Okt. 10–18, Einlass bis 17.15 Uhr, sonst 1 Std. kürzer).

Sir Norman Foster entwarf die hypermoderne, asymetrisch ge-formte **City Hall** 23 [L4], Sitz des Bürgermeisters und des Stadtparla-ments › S. 61. Teile des Gebäudes sind der Öffentlichkeit zugänglich (www.london.gov.uk/gla).

Gleich nebenan werden auf der neuen Freilichtbühne **The Scoop** kostenlose Theateraufführungen und Konzerte gegeben (www.more london.co.uk/scoop.html).

Tower Bridge 24 ⭐ [L4]

Die fast 290 m lange Klappbrücke ist Londons Wahrzeichen schlecht-hin. Als der Prince of Wales sie 1894 eröffnete, galt die monumentale Stahlkonstruktion im Stil der vikto-rianischen Gotik als Weltwunder.

Blitzblank poliert sind die Un-getüme Teil der thematisch wech-selnden Erlebnisausstellung **Tower Bridge Exhibition** in den hohen Brü-ckentürmen. Außerdem kann man ❗ von den verglasten Walk-ways den weiten Ausblick genießen. (April–Sept. 10–18, Okt.–März 9.30 bis 17.30 Uhr, letzter Einlass 30 Min. früher, www.towerbridge.org.uk.)

Zu Fuß über die Tower Bridge

Butler's Wharf – Design Museum 25 [L4]

Unter der Tower Bridge hindurch gelangt man entlang der Straße Shad Thames zur **Butler's Wharf,** wo sich Apartments, Restaurants, Lä-den und Kunstgalerien um einen Platz gruppieren. Neben traditio-neller britischer Küche bietet das **Butler's Wharf Chop House** (tgl., €€) den besten Blick auf Tower Bridge, Tower – und auf St. Katherine's Dock › S. 153.

Flussabwärts von Butler's Wharf bietet das weiße, restaurierte Lager-haus im Bauhausstil den perfekten Rahmen für das **Design Museum** mit dem Restaurant **Blueprint Café**. All-tagsobjekte wie Babyflaschen, Fern-seher und Kühlschränke werden interessant, wenn man ihre Form-gebung über Jahrzehnte hinweg ver-gleicht. Auch die regelmäßig statt-findenden Wechselausstellungen sind sehenswert (tgl. 10–17.15 Uhr, www.designmuseum.org).

Ende 2015 zieht das Design Mu-seum nach South Kensington um.

LONDONS OSTEN

Kleine Inspiration

- **In der Brick Lane** in einem indischen Restaurant zu Abend essen.
  › S. 149
- **Nach den schwarzen Raben** im Tower of London Ausschau halten.
  › S. 152
- **An der Themsepromenade** Westferry Circus in Canary Wharf nach
  Einbruch der Dämmerung flanieren. › S. 157
- **Den Freskensaal** im Royal Naval College, Greenwich, bestaunen.
  › S. 158

Junge Kunst hat das lang geschmähte East End neu belebt, Spitalfields liegt im Trend. Den Boom in Canary Wharf spiegelt die Architektur, die Bedeutung von Greenwich zeigen seine Museen.

Das East End verkörpert den kontrastreichen Gegenpol zur reichen City und dem eleganten West End. Vor rund 20 Jahren ließen sich junge Künstler in diesem vernachlässigten Teil Londons nieder, weil dort die Mieten billiger waren. Es dauerte nicht lang, und ein trendbewusstes Publikum zog nach. Sari-Läden, Curry-Restaurants und buntes Markttreiben prägen das East End – doch in stillen Seitenstraßen findet man auch stilgetreu restaurierte Häuser des 17. Jhs.

Viele Läden des East End sind
in indischer Hand

Man muss einmal auf dem Tower Hill stehen und die dicken Mauern des Tower überblicken, die Zuckerbäckertürme der Tower Bridge, die Glaspaläste der City und das boomende Südufer der Themse: Nirgendwo sonst spürt man Londons lange Geschichte und dynamische Gegenwart derart intensiv. Der Tower selbst ist eine der wichtigsten Attraktionen Londons – jahrhundertelang Festung, Palast, Staatsgefängnis und Hinrichtungsstätte.

Im alten Hafendörfchen Wapping östlich der Tower Bridge durchzechten Matrosen einst die Nächte. In den 1960er-Jahren wandelten sich die Lagerhäuser zu noblen Wohnquartieren. Der Charme des Viertels ist geblieben.

Spiegelung des Canary Wharf Tower in
den Docklands

Flussabwärts mäandert die Themse in einer hufeisenförmigen Schleife um die Isle of Dogs. Einst befanden sich hier die Docks des größten Hafens der Welt. Nach dessen Stilllegung in den 1970ern wurden in dem Gebiet Wohn- und Geschäftszonen entwickelt. Kernstück ist Canary Wharf mit Hightechtürmen, Einkaufspassagen und vielen Bars, Cafés und Restaurants.

In Greenwich legten die Schiffe von Sir Francis Drake, James Cook und Lord Nelson ab, um auf den Weltmeeren Ruhm für die Krone zu erwerben. Durch das Observatorium verläuft der Nullmeridian, der die Erde in eine Ost- und eine Westhälfte teilt. Nicht zuletzt glänzt das ehemalige Fischerdorf mit prachtvollen Renaissancebauten von Christopher Wren und Inigo Jones.

Touren in Londons Osten

 Tour 13 ## Unterwegs in Spitalfields

Verlauf: Whitechapel High Street › Osborn Street › Brick Lane bis Cheshire Street › Quaker Street › Commercial Street › Folgate Street › Christ Church › Old Spitalfields Market › Commercial Street

Karte: Seite 149
Dauer: Gehzeit 2 Std.

Praktische Hinweise:
- Die Tour durch Spitalfields ab/bis Ⓤ Aldgate East ist für Flohmarktfreunde am Sonntagvormittag sehr unterhaltsam, wenn das Treiben auf dem Brick Lane Market beginnt.
- Dies ist auch ein idealer Tag, um in Dennis Severs' House das Leben einer Seidenweberfamilie kennenzulernen (jeden So 12–16 Uhr).
- Indische Spezialitäten gibt es jeden Tag, ebenso wie die Marktküche im St. John's Bread and Wine.

Tour-Start:
Künstlerischer Auftakt

Direkt neben der U-Bahn befindet sich die **Whitechapel Art Gallery** 1 [L2], bekannt für Ausstellungen zeitgenössischer Kunst, einen guten Buchladen und ein modernes Café (77–82 Whitechapel High St., www.whitechapel.org, Di–So 11–18, Do bis 21 Uhr, Fr Musik im Café, Zugang ab 20 Uhr via Angel Alley).

Shopping
Eine kleine Ergänzung in Sachen Kunst: Pinsel, Farben, Leinwand … **Atlantis** ist Londons bester Laden für Künstlerbedarf (68–80 Hanbury St., E1, Tel. 020-7377 8855, www.atlantisart.co.uk, Mo–Sa 9–18, So 10–17 Uhr).

Rund um die Brick Lane 2 [L2]

Die Prestigebauten der City im Rücken, biegt man links in die Osborn Street ein, die in die **Brick Lane** übergeht. Dieses Viertel war stets ein Sammelbecken für Einwanderer, das gute und schlechte Tage gesehen. Im 18. Jh. hat man hier Bier und Ziegel (*bricks*) hergestellt. Heute betreiben muslimische Bengalen Sari-Läden, Supermärkte und Hinterhofnähstuben.

In Seitenstraßen wie der **Fournier** und der **Princelet Street** siedelten sich im 18. Jh. aus Frankreich geflohene Hugenotten an. Sie betrieben die Seidenweberei derart erfolgreich, dass sie sich repräsentative Häuser bauen konnten. Seit der Restaurierung sind sie ein Anziehungspunkt für Architekturenthusiasten.

Das Gebäude des **Museum of Immigration and Diversity** 3 [L2] (vormals eine Synagoge) muss restauriert werden und ist deshalb nur selten geöffnet (an Öffnungstagen Eintritt frei, 19 Princelet St., www.19princeletstreet.org.uk).

Wann immer man durch die Brick Lane schlendert – es riecht nach Curry. Muslime in weißen

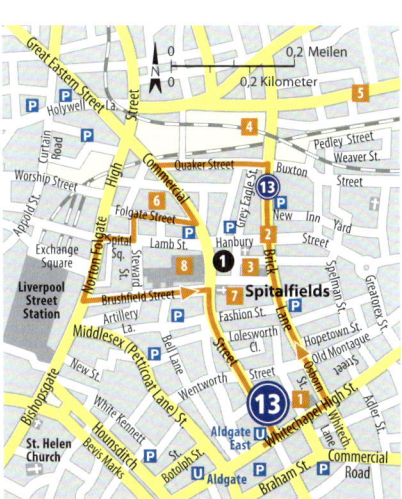
Kurtas sitzen vor ihren Läden, Türsteher preisen mit »very cheap, Sir« oder »air-conditioned, Madame« ihr Restaurant an. Seinem Namen gerecht wird **The Famous Curry Bazaar** (Nr. 77, €). Schräg gegenüber führt der **Supermarkt Taj Stores** (Nr. 112) alles für die Küche, ob Mangos, Maggi oder Kochlöffel. Ein paar Meter weiter entdeckt man links im **Dray Walk** Cafés und Retro-Läden. Geradeaus schallt der Sound von Bongotrommeln aus der Disco **93 Feet East Music Club.**

Hier beginnt sonntagmorgens der **Brick Lane Market** 4 [L2] (von 9 bis 17 Uhr). Auf den Tischen türmen sich mehr rostige Werkzeuge als hübsche Kleinigkeiten, aber der Wirrwarr der Farben, Gerüche und Sprachen zieht viele Besucher an. Einen Blick wert sind auf jeden Fall die trendigen Retro-Shops der Cheshire Street 5 [L2] (im Norden). Der berühmte **Brick Lane**

Beigel Bake (159 Brick Lane, tgl. 24 Std geöffnet) ist Ziel vieler Nachtschwärmer. Nur: Die absolute Frischegarantie gibt es für Beigels mit Räucherlachs nicht zwingend.

Westlich der Commercial Street

Elder und **Fleur de Lis Street** zeigen perfekt restaurierte Häuser – Zeugen des Siegs der Hausbesitzer über die Abrisskommandos der Stadt.

Vor dem Haus 18 Folgate Street brennt eine Laterne: Wegweiser zum exzentrischen Museum **Dennis Severs' House** 6 [L2], in dem mit der Geschichte einer fiktiven Seidenweberfamilie das Vorleben des Viertels erzählt wird (Mo, Mi 18–21, So 12–16 Uhr; Gruppen auch nach Vereinbarung, Tel. 020-7247 4013, www.dennissevershouse.co.uk).

Am **Spital Square** [L2] gleich um die Ecke erscheint Norman Fosters »Gherkin« › S. 132 plötzlich zum

Tour in Londons Osten

Tour 13

Unterwegs in Spitalfields

1 Whitechapel Art Gallery
2 Brick Lane
3 Museum of Immigration and Diversity
4 Brick Lane Market
5 Cheshire Street
6 Dennis Severs' House
7 Christ Church
8 Old Spitalfields Market

Tower of London

7 [L2]: Spitalfields' Wahrzeichen, gebaut von Nicholas Hawksmoor und bekannt für gute Konzerte (www.christchurchspitalfields.org).

Am Ende des Ladenzentrums beginnt der **Old Spitalfields Market 8** [L2] mit vielen Ständen junger Kunsthandwerker (Mo–Fr 10–18, Sa 11–17, So 10–17 Uhr. Auch viel Retro-Mode und Bio-Food).

Anfassen nah. Ein Seerosenteich, römische Ausgrabungen unter Glas – der kleine Platz hat Charme.

Im Glasdach der Shoppingarkade spiegelt sich die kleine **Christ Church**

Zwischenstopp: Restaurant

Das beste Restaurant der Umgebung ist **St. John Bread and Wine 1** (€–€€): schlicht eingerichtet, doch Kaffee, Sandwiches und die marktfrische britische Küche sind immer ein Genuss (94–96 Commercial St., Tel. 020-7251 0848, www.stjohnrestaurant.co.uk, tgl.)

Kunst in Londons Osten

Angefangen hat alles mit dem Kunsthändler Jay Jopling, der im Jahr 2000 am **Hoxton Square** seine Galerie **White Cube** eröffnete und hier Künstler wie Damien Hirst, Tracey Emin und andere Young British Artists (YBA) mit ihrem Hang zum Schock ausstellte. Zu Vernissagen fuhren Stars und Supermodels in Limousinen vor. Am Platz eröffnete eine Bar nach der anderen, und angelockt von leer stehenden Gebäuden und günstigen Mieten siedelten sich Galerien und junge Künstler in der Umgebung an. Heute ist dieser Tempel der Avantgarde geschlossen.

Zu den guten East-End-Galerien gehören nun **Victoria Miro** (internationale Namen wie Chris Ofili und Ian Hamilton Finlay; 16 Wharf Road, N1, Tel. 020-7336 8109, www.victoria-miro.com) und die **Parasol Unit** (aufstrebende internationale Künstler; 14 Wharf Road, N1, Tel. 020-7490 7373, www.parasol-unit.org), die sich mit der Miro Gallery den idyllischen Garten mit Seerosenteich teilt.

Weiter östlich, im Stadtteil Hackney, ist die **Wilkinson Gallery** (50–58 Vyner Street, E2, Tel. 0208-980 2662) die wichtigste Adresse der kleinen **Vyner Street**, in der sich eine Reihe von Galerien für zeitgenössische Kunst angesiedelt haben. Beste Zeit für Besuche: samstags am Spätnachmittag.

Populäre Szene-Treffs sind die Cocktailbar **The Hoxton Pony** (104–108 Curtain Rd., EC2, Tel. 020-7613 2844, Di–Fr ab 17, Sa ab 18 Uhr, www.thehoxtonpony.com) und das Restaurant **Rivington Grill** (€€, modern-britische Küche; 28–30 Rivigton St., EC2, Tel. 020-7729 7053, www.rivingtongrill.co.uk).

Tower of London und Wapping

Verlauf: **Tower Hill** › **Tower of London** › **Tower Bridge** › **Wapping**

Karte: Seite 152
Dauer: 3 Std., ohne Besichtigung des Tower
Praktische Hinweise:

- Umweit der Ⓤ Tower Hill taucht man tgl. bis 17.30 Uhr hinter mächtigen Mauern in die Geschichte ein.
- St. Katherine's Dock und der Weg bis Wapping stehen immer offen.
- Den perfekten Themseblick hat der Wapping-Pub Prospect of Whitby – vor allem abends auf die Lichter von Canary Wharf.

Tour-Start: Tower-Themse-Panorama

Gepflegte Grünflächen, Blumenrabatten – dass der **Tower Hill** einst öffentliche Hinrichtungsstätte war, ist ihm heute nicht mehr anzusehen. Schaudern mag es hingegen angesichts des Besucherandrangs am Tower of London. Umso schöner ist das Themsepanorama hier, dominiert von der **Tower Bridge** › **S. 145**. Jenseits des Flusses erkennt man das kleine gastronomische Viertel **Butler's Wharf** › **S. 145**.

Tower of London

9 ⭐ [L3]

Sobald man von den Beefeatern in ihren roten Tudorkostümen begrüßt wurde und die düstere Ge-

mäuer betreten hat, ist man gepackt von der würdevollen, manchmal gruseligen Atmosphäre der Festung, die Wilhelm der Eroberer nach der Schlacht bei Hastings ab 1077 errichten ließ. **50 Dinge** ㉚ › **S. 15**

Im Lauf der Jahrhunderte diente der Tower als Residenz der Normannenkönige, als Garnisonskaserne, Schatzkammer und Gefängnis. Die Liste der berühmten Persönlichkeiten, die hier ihr Leben lassen mussten, ist lang. Angeblich geht der Geist der weiß gewandeten Anne Boleyn, zweite Ehefrau Henrys VIII, die im Tower enthauptet wurde, immer noch um.

Vom **Middle Tower** (im 18. Jh. rekonstruiert) gelangt man erst über den begrünten Burggraben, dann durch das Tor des Byward Tower (um 1300) in den äußeren Abwehrring, wo durch das **Traitors' Gate** (Verrätertor) Gefangene per Boot eingeliefert wurden. Etwas weiter steigt man hinauf in die rekonstruierten Räume, die Edward I im 13. Jh. bewohnte.

Gegenüber dem Traitors' Gate führt der Durchgang des **Bloody Tower** in den Burghof. Der Name erinnert an den historisch nicht belegten Mord Richards III an seinen beiden Neffen. Im **White Tower** ist eine Sammlung von Rüstungen und Waffen ausgestellt. Man kann auch über den Rasen des **Tower Green** – vorbei an der Hinrichtungsstätte von Anne Boleyn, Catherine Howard und Lady Jane Gray – zum Jewel House mit den Kronjuwelen der britischen Monarchie gehen. Laufbänder befördern die Menge an

Preziosen und Kronen von un-schätzbarem Wert vorbei.

Zu den großen Attraktionen des Tower gehören auch die **sechs zahmen Raben.** Der Legende nach bedeutet es das Ende der britischen Monarchie, wenn sie die Festung verlassen. Deshalb hat man ihnen vorsichtshalber die Flügel gestutzt (Di–Sa 9–17.30, So, Mo 10–17.30 Uhr, im Winter 16.30 Uhr, Einlass jeweils bis 17 bzw. 16 Uhr, Eintritt £ 21,45, Tel. 0844-482 7777, www. hrp.org.uk).

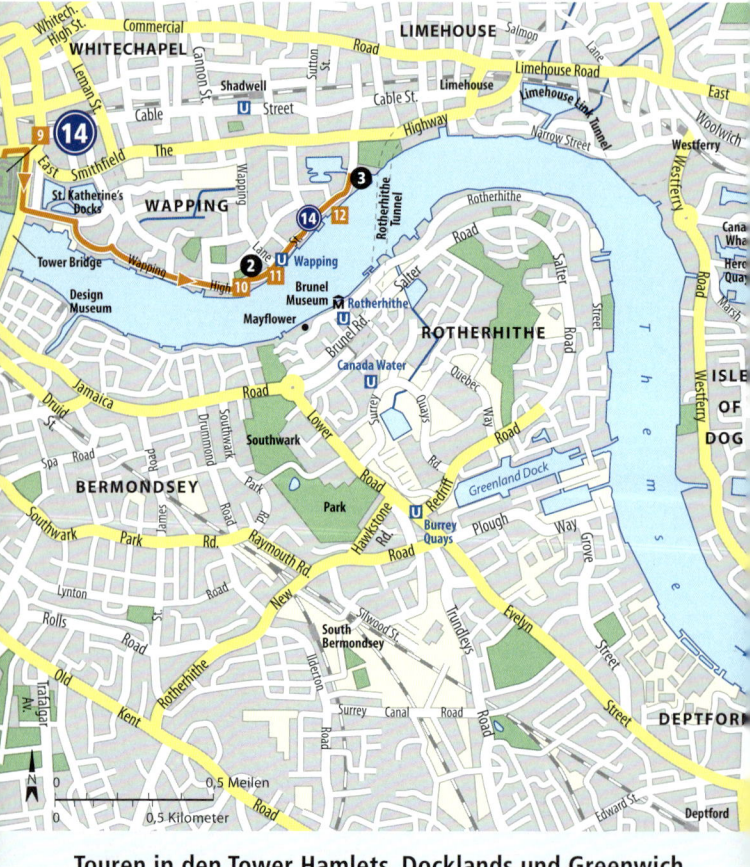

Touren in den Tower Hamlets, Docklands und Greenwich

Wapping

Vom Tower unter der Tower Bridge hindurch gelangt man gleich ins 1828 erbaute **St. Katherine's Dock** [**L3**]. In den 1970er-Jahren wurde die Hafenanlage als erstes der Londoner Docks umgewidmet, Apart-

menthäuser gebaut und das Ensemble mit Lokalen und Läden attraktiv gestaltet (www.skdocks.co.uk).

Über Whitechapel bzw. Shadwell (DLR) und einen Anschlussbus erreicht man Wapping. Aber am Fluss entlang sind es nur etwa 1,5 km

Tour 15

Isle of Dogs und Greenwich

13 Canada Tower
14 Museum of London Docklands

15 Island Gardens
16 Cutty Sark
17 Royal Naval College

18 Queen's House, National Maritime Museum
19 Royal Greenwich Observatory
20 Laban Dance Centre

Der attraktive Pub Dickens Inn mitten in St. Katherine's Dock

Fußweg, wenngleich dieser Teil des East End, genauer die Tower Hamlets, für viele Welten entfernt scheint – eben jenseits von Tower Bridge. Zur Glanzzeit des Hafens im vikto-

SEITENBLICK

Abseits der Tour

Abends, wenn die Wellen der Themse gegen den düsteren Kai schlagen, hat das Hafenviertel **Rotherhithe** (im Südosten, gegenüber von Wapping) etwas Zauberhaftes. Das **Brunel Museum** [b2] informiert über den weltweit ersten Tunnel unter einem Fluss (Railway Ave, Mo–So 10 bis 17 Uhr, www.brunel-museum.org.uk). Die Wendeltreppe nebenan führt zum **Midnight Apothecary Pop Up Garden**: ein mit Blumen und Kräutern bepflanztes Idyll, komplett mit Cocktailbar (für Öffnungszeiten: www.thecocktailgardener.co.uk).

rianischen Zeitalter, als die großen Flotten ausliefen, um ferne Länder zu erobern, und mit exotischen Handelswaren zurückkehrten, zählte man in Wapping 140 Matrosenkneipen. Nur zwei bestehen noch. Eine ist der aus dem 17. Jh. stammende Pub **Town of Ramsgate** (62 Wapping High St.) bei den **Wapping Old Stairs** 10 [b2], wo man einst Piraten festkettete und ertrinken ließ.

Ein paar Meter weiter legen die Themseboote an den **Wapping New Stairs** 11 [b2] an. Überall führen *stairs* (Treppen) zwischen ausgedienten Speicheranlagen für Tee, Kaffee, Tonnen von Pfeffer und Zimt zur Themse hinunter. Hin und wieder glaubt man in der Nähe der riesigen Backsteingebäude, in denen mittlerweile finanzkräftige Börsianer durchgestylte Lofts bewohnen, noch den Duft exotischer Gewürze wahrzunehmen.

Auch auf dem Spaziergang die Wapping High Street entlang nach Osten entdeckt man die typischen Treppen, so z. B. die New Crane Stairs. Abends kann hier echtes Edgar-Wallace-Feeling aufkommen. Es ist lebhaft vorstellbar, wie die so anschaulich beschriebenen Gauner sich auf der Themse davonmachen, während der Inspektor mal wieder zu spät kommt.

Zwischenstopp: Pubs

- Der stimmungsvolle Pub **Captain Kidd** ❷ (€) hat einen Biergarten direkt am Fluss (108 Wapping High St., Tel. 020-7480 5759).
- An der Straße Wapping Wall präsentiert sich ein zauberhaftes Nebeneinander von Alt und Neu. Der 1529 gebaute Pub **Prospect of Whitby** 🆛 ❸ [b1] ❗ war einst eine Piraten-

und Schmugglerhöhle, aber auch rechtschaffene Bürger wie Samuel Pepys und Charles Dickens tranken hier später ihr Ale. Heute stehen Alteingesessene mit ihrem Bier an der Theke und betrachten die neuen Loftbewohner und deren Weingläser mit deutlicher Skepsis. Der Blick von der Terrasse im ersten Stock auf die neue Welt der Docklands ist so atemberaubend, dass man sich nur schwer losreißen kann. Während man die exzellenten Fish & Chips verspeist (an der Theke bestellen und bezahlen), gleitet bisweilen ein gigantischer Luxusliner vorbei und lässt die Häuser von Wapping winzig erscheinen. (57 Wapping Wall, Tel. 020-7481 1095, tgl., €€).

Jenseits des King Edward VII Memorial Park von Wapping beginnt **Limehouse,** einst Londons zwielich-

SEITENBLICK

Olympische Spiele 2012

»Gott ist ein Londoner. Es gibt keine andere Erklärung«, schrieb die Times im August 2012. Denn mal abgesehen vom chaotischen Kartenvorverkauf hätten die Olympischen Spiele nicht besser laufen können. Vor dem Hintergrund der tiefsten Rezession seit über 50 Jahren erlebten die Briten, dass sie immer noch Großes leisten können, wenn es darauf ankommt. Allein die pure Freundlichkeit der 70 000 freiwilligen Helfer hatte etwas von David Camerons politischer Mission »Big Society«, mit der er freiwillige Nachbarschaftshilfe fördern will. Die Spiele waren auch der Antrieb für ein nachhaltiges Regenerierungsprogramm in Londons Osten: Die Ostlondoner Stadtteile Hackney und Newham, die zu den ärmsten Gemeinden der Metropole gehören, sollten sich mit neuen Wohnungen, Schulen, Bahnhöfen und Grünflächen zu modernen Bezirken zu entwickeln.

Die Party ist seit Langem vorbei. Das Olympische Dorf wurde in »East Village« umbenannt, und seit Ende 2013 sind knapp 3000 umgebaute Apartments und Häuser rund um die »Celebration Avenue« bewohnt. Der Olympische Park (so groß wie Hyde Park und Kensington Gardens zusammen) eröffnete im Frühjahr 2014 als blühender Queen Elizabeth Olympic Park, mit 400 neu gepflanzten Bäumen (www.queenelizabetholympicpark.co.uk).

tige China Town. Folgt man dem **Thames Path** nach Osten, verläuft er parallel zur Narrow Street, wo neben dem Pub **The Grapes** (Nr. 76) ein paar Kapitänshäuser von anno 1720 noch an die alte Seefahrerzeit erinnern.

Isle of Dogs und Greenwich

Verlauf: Canary Wharf › Museum of London Docklands › Island Gardens › Greenwich Foot Tunnel › Greenwich › Cutty Sark › Royal Naval College › Queen's House › National Maritime Museum › Royal Greenwich Observatory

Karte: Seite 152
Dauer: Reine Gehzeit 3 Std.
Praktische Hinweise:
- Tube, Docklands Light Railway (DLR) und die Thames-Clipper-Katamarane haben alle regelmäßig frequentierte Stationen in Canary Wharf, wo zu Bürozeiten wochentags das Leben überbordet und am frühen Abend die Bars und Restaurants gute Umsätze machen – schließlich bietet das Lichtermeer der Hochhäuser am Themseufer ein fabelhaftes Bild.
- Anstatt nach der Museumstour in Greenwich zurückzukehren, könnte man auch noch mit einem der Katamarane zur Thames Flood Barrier fahren.
- Die DLR-Haltestelle in Greenwich heißt Cutty Sark.

Tour-Start:
Canary Wharf ☆

Die glitzernde Neubauwelt auf der Isle of Dogs ist eine Hochburg der Finanzwelt, das London des neuen Jahrtausends, ein administratives Zentrum mit 90 000 Beschäftigten. Manhattan an der Themse, denkt man und staunt. Wie eine futuristische Kathedrale wirkt die 60 m hohe **U-Bahnhalle** (Entwurf Sir Norman Foster), von der glasüberdachte Rolltreppen zu einer großen Piazza hinaufführen. Möwen kreisen über einem Wasserbecken. Man blickt auf gepflegte Grünflächen, schimmernde Wolkenkratzer und Apartmenthäuser, die an den früheren Hafenbecken hochgezogen wurden. Der Kontrast zur traditionsverhafteten City ist beachtlich.

Nördlich des **Jubilee Park** ragt der **Canada Tower 13 [d2]** auf, ein 244 m hohes Bürogebäude mit dem Eingang zu einer Einkaufspassage (insgesamt gibt es drei mit 200 Läden). Abends nach sechs scheppert Musik aus den Kneipen des **Mackenzie Walk.** Bei gutem Wetter trinkt die Kundschaft ihr Bier draußen. Weinliebhaber schlendern weiter zum **Fisherman's Walk,** dem mit Ahornbäumen bepflanzten Boulevard an einem der alten Hafenbecken: eine Weinbar nach der anderen, die Preise sind gesalzen.

Überquert man hier die Fußgängerbrücke Wren Landing zum West India Quay, erreicht man nicht nur etliche Cocktailbars, sondern auch das **Museum of London Docklands 14 [d1]**, das die Geschichte des einstigen Hafens erzählt (tgl.

10–18, Einlass bis 17 Uhr, Tel. 020-7001 9844, www.museumoflondon.org.uk/docklands).

Ein idyllisches Bild bietet abends die Themsepromenade **Westferry Circus** mit den beleuchteten Restaurants und ihrer Bootsanlegestelle. Überall sind Radfahrer und Spaziergänger unterwegs. Bei Sonnenschein hat die Promenade fast etwas Mediterranes, im herbstlichen Nebel wirkt sie geheimnisvoll.

Die **Bar Quadrato** im Four Seasons Hotel bietet sich perfekt für den gepflegten Nachmittagstee oder einen abendlichen Cocktail an, der Blick auf die Themse ist unvergleichlich (46 Westferry Circus, Tel. 020-7510 1999, www.fourseasons.com/canarywharf).

Zwischenstopp: Restaurant

Plateau ❹ €€€
Viel Glas und der Blick auf die Hochhäuser, populäre Gerichte wie Caesar Salad mit Sardellendressing oder Fischauflauf … das optisch schönste Restaurant in Canary Wharf befindet sich im 4. Stock eines Bürogebäudes, über dem Supermarkt Waitrose.
• Canada Place, 38 Canada Square
Tel. 020-7715 7100
www.plateau-restaurant.co.uk
So geschl.

Die Docks der Isle of Dogs

Bereits zur Zeit der Römer machten mit Wein und Öl beladene Galeeren an den Londoner Kais fest, um den heimwehkranken Legionären den Aufenthalt zu versüßen. Im Mittelalter blühte der Handel, im 18. Jh. war Londons Hafen der größte der Welt. Im 19. Jh. erreichten die Docks ihre Glanzzeit. Um Tee, Kaffee, Seide, Gewürze und Harthölzer für das ganze Königreich von den Schiffen löschen zu können, wurden die Themseufer von der Tower Bridge bis Gallions Reach (16 km flussabwärts) in Docks und Kais aufgeteilt. Das erste – West India Dock – eröffnete 1802, das letzte 1921.

Mit dem Niedergang des Empire begann auch der Niedergang der Docks, langsam, aber unaufhaltsam. In den 1960er-Jahren kennzeichnete längst fortgeschrittener Verfall die Docklands, und als in den 1970ern neue Containeranlagen in Tilsbury entstanden, waren die Docks am Ende: ein Niemandsland heruntergekommener Lagerhäuser. London reichte damals für die meisten Leute nur bis zur Tower Bridge. Ein erster Versuch der Sanierung war um 1975 in der Wapping Street zu sehen, als dort Lagerhäuser in Apartments umgewandelt und schäbige Pubs aufpoliert wurden. Das Beispiel machte Schule, aus dem Hafengelände wurde die größte Baustelle Europas. Inzwischen nennt die Docklands-Entwicklungsgesellschaft die Isle of Dogs stolz »Wasserstadt des 21. Jahrhunderts«, von den einen als »Stadt der Zukunft« gepriesen, von den anderen als postmoderner Größenwahn kritisiert. Die Fahrt mit der Docklands Light Railway ab der Station Tower Gateway vermittelt einen hautnahen Eindruck von der bizarren Koexistenz der Kontraste.

Greenwich ⓬

Der längere Fußweg oder eine kurze Fahrt mit einem DLR-Zug stehen am Anfang der Etappe nach Greenwich, insgesamt 7 km themseabwärts ab der Tower Bridge. Erstes Ziel sind die **Island Gardens** 15 [e4] am Südufer der Isle of Dogs mit ❗ schönem Blick auf das Ensemble Greenwich, das bereits den Maler Antonio Canaletto beeindruckte. Dann steigt man 98 Stufen hinab in den 365 m langen, 1904 gebauten **Greenwich Foot Tunnel** (tgl. 24 Std. geöffnet).

Sechs Minuten später steht man neben der **Cutty Sark** 16 [e4]: 1869 gebaut, war sie der letzte Teeklipper, der Tee und Gewürze von China nach England brachte – und das damals schnellste Schiff. Nach dem

---

❗ **Erstklassig**

Die schönsten Aussichtspunkte

....

---

großen Feuer von 2007 ist das Museumsschiff inzwischen fertig restauriert (www.cuttysark.org.uk).

Gleich nebenan befindet sich das 1696–1751 von Christopher Wren errichtete **Royal Naval College** 17 [e4]. Auf jeden Fall lohnt sich eine Besichtigung der reich dekorierten Painted Hall (Freskensaal) und des Rokoko-Interieurs der Kapelle.

2010 eröffnete in dem College-Komplex das Zentrum **Discover Greenwich** u. a. mit einer Ausstellung, einem Café und der Touristeninformation (Painted Hall und Discover Greenwich tgl. 10–17 Uhr, www.oldroyalnavalcollege.org, Eintritt frei).

Zwischenstopp: Restaurant

- Flussabwärts blickt die 150 Jahre alte **Trafalgar Tavern** 5 (€) direkt aufs Wasser. Sie ist berühmt für ihre Sprotten (*whitebait*).
- 6 Park Row | Tel. 020-8858 2909 | tgl.

Wendet man der Themse den Rücken zu, erstreckt sich landeinwärts der **Greenwich Park,** 1433 gegründet, der erste aller königlichen Parks. Ältestes Gebäude ist das perfekt proportionierte **Queen's House** 18 [e4]. 1616 entwarf es Inigo Jones für Anne, die dänische Frau König James' I, im Stil der italienischen Renaissance. Hier hängt »Die Schlacht bei Trafalgar«, William Turners wichtigstes Werk: (tgl. 10–17 Uhr, letzter Einlass 16.30, Eintritt frei).

Kolonnaden verbinden die Residenz mit dem **National Maritime Museum** 19 [e4] (geöffnet wie Queen's House, Eintritt frei). Ein

Highlight der Ausstellungen zur Geschichte der königlichen Kriegs- und Handelsmarine ist Lord Nelsons Uniformrock aus der Schlacht von Trafalgar 1805 gegen Napoleon.

Ein kurzer, steiler Pfad (oder ein Pendelbus ab Museum) erklimmt den Hügel zum **Royal Greenwich Observatory** 11, 1675 von Christopher Wren erbaut (geöffnet wie Queen's House, Eintritt frei). Am Nullmeridian, als eisernes Band im Boden markiert, drängen sich Besucher. In den vier Time Galleries erfährt man Spannendes zum Thema Zeit (www.nmm.ac.uk/places/royal-observatory).

St. Mary's Gate führt vom Park direkt in das alte Dörfchen, das von der Industrialisierung im 19. Jh. fast verschont blieb. Es ist ein Idyll mit historischen Häusern, gut sortierten (Floh-)Märkten (Sa/So), Buch- und Antiquitätenläden.

Im National Maritime Museum Greenwich

SEITENBLICK

Abseits der Tour
Eine Mäanderschleife flussabwärts von Greenwich riegelt die riesige **Thames Flood Barrier** [g2/3] seit 1982 bei Bedarf die Themse ab, um London vor Hochwasser zu schützen. In der Regel werden ein- bis zweimal im Jahr die Sperren ausgefahren. Das **Information Centre** erklärt die Technik (1 Unity Way, Do–So 10.30 bis 17 Uhr; Ⓤ North Greenwich, dann Bus 1616 oder 472; oder Thames-Clippers-Katamaran bis Royal Arsenal Woolwich Pier, www. thamesclippers.com). In der Nähe liegt ein schöner Park.

Viel Charme hat das nahegelegene **Fan Museum** mit seiner historischen Fächersammlung (3500 Exponate). In der eleganten Orangerie gibt es einen gepflegten Nachmittagstee (Di–Sa 11–17, So 12 bis 17 Uhr, 12 Crooms Hill, www.the fanmuseum.org.uk).

Ein kurzer Fußweg führt von der Cutty Sark zum Deptford Creek, einem Seitenarm der Themse. Hier liegt das **Laban Dance Centre** 20 [d4] (Architektur von Herzog & de Meuron; Creekside, SE8, www.trinity laban.ac.uk).

Ein paar Meter weiter die Straße entlang meldet sich in kleinen Galerien und Workshops eine neue Künstlergeneration zu Wort (www. creeksideartists.co.uk und www. southlondonartmap.com).

AUSFLÜGE & EXTRA-TOUREN

Kleine Inspiration

- **Im Kenwood House** in Hampstead die Gemäldegalerie besuchen. › S. 162
- **Bei schönem Wetter** in den Kew Gardens sitzen und nichts tun. › S. 164
- **Im Richmond Park** Tiere und Vögel beobachten. › S. 164
- **In den Irrgarten von Hampton Court** hineingehen und wieder herausfinden. › S. 165
- **In Windsor Castle** gucken, wie die Queen so wohnt. › S. 166

Ausflüge

Hampstead und Highgate

London › Hampstead › Highgate

Karte: Seite 162
Dauer: 1 Tag
Praktische Hinweise:

- U-Bahnen der Northern Line fahren in Richtung Edgware zur Ⓤ Hampstead, Richtung High Barnet halten sie an der Ⓤ Highgate und der Ⓤ Archway; letztere Station ist ca. 10 Min. Fußweg vom Highgate Cemetery entfernt.
- In beiden Orten gibt es viele Pubs und Geschäfte.
- 6 km lang ist der Spaziergang ab der Ⓤ Hampstead durch die Heide, vorbei an Kenwood House und wieder zurück (www.innerlondon ramblers.org.uk).

Hampstead ▮

Wie bei Jane Austen nachzulesen, war der Nobelvorort Hampstead im Nordwesten Londons einst Ausflugsziel begüterter Städter.

In den 1930er-Jahren siedelten sich mitteleuropäische Intellektuelle an, darunter die Familie Sigmund Freuds, deren Haus heute als **Freud Museum** zugänglich ist (20 Maresfield Gardens, Mi–So 12–17 Uhr, www.freud.org.uk).

Windsor Castle, die Lieblingsresidenz von Königin Elizabeth II

Mit den Einwanderern vom Kontinent kamen nicht nur köstliche Patisserien, sondern auch kosmopolitisches Flair und eine Weltoffenheit, die bis in die Gegenwart hinein spürbar ist.

Hampstead, seit dem 17. Jh. weitgehend unverändert, ist nach wie vor eine Sommerfrische mitten in London: elegant, etwas verspielt und Wohnsitz der akademischen Elite. Gleich von der U-Bahnstation kommt man in hübsche, verwinkelte Straßen mit Boutiquen, Restaurants und Pubs wie **The Flask** (14 Flask Walk). Vor 200 Jahren wurde hier außer Bier auch Heilwasser in Flaschen *(flasks)* abgefüllt und verkauft. **Louis Patisserie** (32 Heath Street, tgl.) ist eine charmante Teestube.

Fenton House, das älteste Haus des Dorfes, stammt von 1693 und liegt in einem zauberhaften Garten. Es ist nun ein Museum und zeigt u. a. ein Cembalo, auf dem Händel gespielt haben soll. Manchmal kann man hier Sommerkonzerten nam-

SEITENBLICK

Natur nah

Hampstead liegt auf einem Hügel, von dessen höchstem Punkt der Blick weit über eine offene Parklandschaft schweifen kann: Heideland *(heath)*, Wald, Hirschpark, rund 30 Teiche (in dreien kann gebadet werden), Wanderwege – hier verbringen die Londoner gern den Sonntagnachmittag.

hafter Ensembles lauschen (Infos: Tel. 020-7435 3471, www.national trust.org.uk).

Seine produktivsten Jahre verbrachte John Keats (1795–1821), einer der bedeutendsten Dichter der englischen Romantik, hier in einer kleinen Doppelhaushälfte. Noch bevor er die Nachbarstochter Fanny Brawne heiraten konnte, starb er mit 25 Jahren an Tuberkulose. Liebesbriefe, ihr Verlobungsring und viele Manuskripte sind im neu renovierten **Keats House** ausgestellt (10 Keats Grove, Tel. 020-7332 3868, www.keatshouse.cityoflondon.gov. uk, in der Regel Fr–So 13–17 Uhr).

Robert Adam erbaute **Kenwood House** 1764 am Nordrand der Heide. Der erste Earl of Iveagh hinterließ die noble Residenz samt ihrem großartigen Park 1927 dem Staat. Glanzpunkt der Gemäldekollektion mit Werken von Vermeer, Turner und Romney ist Rembrandts Selbstporträt (Hampstead Lane, Tel. 020-8348 1286, www.english-heritage. org.uk, tgl. 10–17 Uhr).

Berühmt sind die Open-Air-Konzerte beim See Ende Juni bis September mit dem Kenwood House als Kulisse wie im Film »Notting Hill«. Im Kutschenhaus befindet sich ein Café (tgl. 8–18 Uhr).

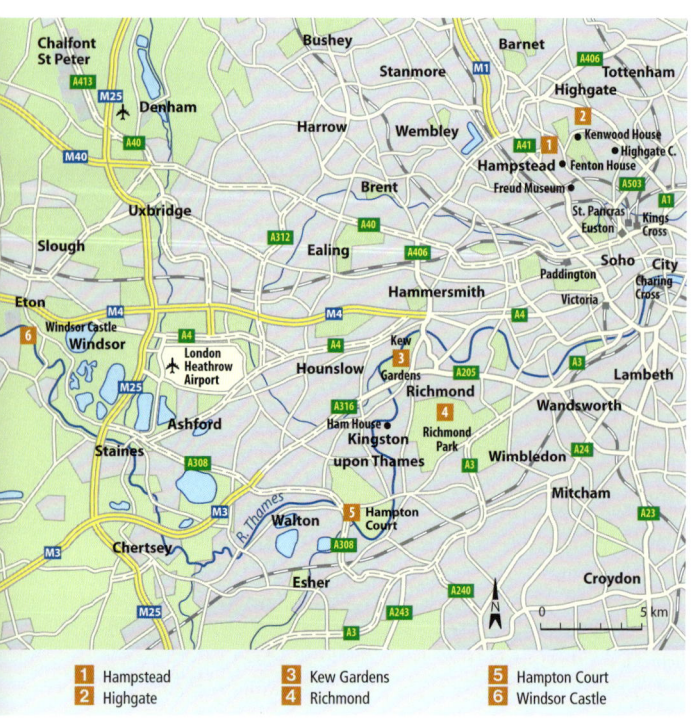

1 Hampstead
2 Highgate
3 Kew Gardens
4 Richmond
5 Hampton Court
6 Windsor Castle

Der Backsteinbau des U-Bahnhofs Hampstead wurde 1907 errichtet

Highgate **2**

Offenes Heideland trennt Hampstead von dem hübschen Dorf auf seinem gleichnamigen Hügel. Auch Highgate wurde der guten Luft wegen geschätzt, und begüterte Städter bauten hier ihre georgianischen Landhäuser, die der High Street einen Hauch Exklusivität verleihen.

Zu einem Ausflug nach Highgate gehört der Besuch des romantischen Friedhofs **Highgate Cemetery**, ein wunderbares Beispiel für die viktorianische Ästhetik. Obwohl immer noch für Bestattungen genutzt, wurde der Friedhof lange Zeit vernachlässigt, bis eine Initiative dafür sorgte, ihn zumindest teilweise restaurieren zu lassen. Im östlichen Teil findet man die Gräber von Karl Marx und Mary Anne Cross alias George Eliot (Swain's Lane; Mo–Fr 10–17 Uhr, an Wochenenden 11–17 Uhr, letzter Einlass jeweils 16.30 Uhr.) Der Westteil ist nur bei geführten Touren zugänglich: Sa, So ab 11 Uhr stündl., Mo bis Fr 13.45 Uhr, Tel. 020-8340 1834, www.highgatecemetery.org).

Zwischenstopp: Pub

Im eichengetäfelten **Spaniards Inn** (€) tranken nicht nur die Poeten Shelley, Keats und Byron ihr Ale, sondern auch der im 18. Jh. berüchtigte Straßenräuber Dick Turpin (Spaniards Rd., tgl.).

Kew Gardens und Richmond

London › Kew Gardens › Richmond

Karte: Seite 162
Dauer: 1 Tag
Praktische Hinweise:
- Die Ⓤ Kew Gardens ist die vorletzte, die Ⓤ Richmond die Endstation der District Line im Westen.
- Eine Themsefahrt dauert ab Westminster bis Kew etwa 1,5 Std. (Thames River Boats, www.wpsa.co.uk, Tel. 020-7930 2062).
- Die Gärten von Kew öffnen tgl. ab 9.30 Uhr, Schließung ist je nach Jahreszeit zwischen 17.30 und 18 Uhr, www.kew.org.uk.

Palmenhaus in den Kew Gardens

Kew Gardens ③ ⭐

Am südwestlichen Stadtrand erstrecken sich die königlichen botanischen Gärten: 120 ha groß, seit 2003 UNESCO-Weltkulturerbe. Die bezaubernde Parklandschaft entwarfen der Architekt William Chambers und der Landschaftsplaner Lancelot »Capability« Brown.

Wunderbar sind auch die architektonischen Highlights: das **Alpine House,** eine 10 m hohe Glaspyramide, in der 300 alpine Pflanzen gedeihen; die beiden viktorianischen **Palmenhäuser;** die **Chinese Pagoda** sowie das **Princess of Wales Conservatory,** in dem Pflanzen aus zehn Klimazonen der Erde wachsen.

Das historische **Queen Charlotte's Cottage** ist nach umfassender Restaurierung wieder geöffnet.

Neueren Datums sind der **Tree Top Walk** › S. 33 zwischen den Baumwipfeln und die **Sackler Crossing:** eine elegante Fussgängerbrücke aus Granit (Entwurf John Pawson). Im Sommer gibt es oft Freiluftkonzerte im Park.

Richmond ④

Das attraktive Dorf ist nach einem Palast Henrys VIII benannt. Georgianische Häuser, elegante Galerien, Antiquitätengeschäfte, Boutiquen und Restaurants verleihen dem Fischerort von einst ein ehrwürdig-aristokratisches Flair. Der berühmte Blick auf die Themse wurde von Malern wie Constable, Turner, Reynolds und Kokoschka auf der Leinwand festgehalten. Im ehemals königlichen Jagdgelände von **Richmond Park** lassen sich viele Vogelarten und Rudel von Wild beobachten. Die Isabella Plantations verwandeln sich im späten Frühling in einen Farbrausch der Rhododendronblüten. Beim Parkplatz nahe Roehampton Gate gibt es von April bis Sept. einen **Fahrradverleih.**

SEITENBLICK

Ham House

Themseaufwärts von Richmond liegt der im 17. Jh. gebaute Adelssitz Ham House mit einem für die Stuartepoche typischen Interieur. Das Backsteingebäude umgibt ein herrlicher Garten, und schon der Fußweg ab der Ⓤ Richmond ist erholsam (Mo–Mi und Sa, So 11–17 Uhr, Tel. 020-8940 1950, www.nationaltrust.org.uk/hamhouse).

Hampton Court 5 ⭐

London › Hampton Court

Karte: Seite 162
Dauer: 1 Tag
Praktische Hinweise:

- Züge ab Waterloo Station zum Bahnhof Hampton Court, dann 5 Min. Fußweg zum Palast. Die schönere Anreise ist, die Themse aufwärts zu schippern › S. 172. Allerdings bleibt für den Palast kaum Zeit, will man auch auf dem Wasser zurück. Besser für eine Strecke die Bahn nehmen.
- Palast: April–Okt. tgl. 10–17, Nov. bis März tgl. 10–15.30 Uhr, Einlass bis eine Stunde vorher; Gärten: Sonnenaufgang bis zur Dämmerung; www.hrp.org.uk.

Zur Auffahrtsallee hin zeigt der Palast seine Tudorfassade aus rotem Backstein, zur Gartenseite den Flügel in englischem Barock. Kardinal Thomas Wolsley, Schatzkanzler von Henry VIII und nach dem König der mächtigste Mann im Land, ließ sich Hampton Court 1514 als Landsitz erbauen. Als er in Ungnade fiel, machte er den Palast dem König zum Geschenk, doch vergebens. Wolsley starb auf dem Weg zu seiner Verurteilung wegen Staatsverrats.

Alle Monarchen, die seit Henry VIII hier wohnten, haben den Palast geprägt. Im Inneren wurden 1690 die größten Veränderungen von William und Mary vorgenommen, die Christopher Wren zurate zogen. Versäumen sollte man keinesfalls den ältesten Irrgarten Englands, die Tudorküche, die Tennishalle von Henry VIII und die Mantegna-Galerie, in der der Triumph Julius Cäsars dargestellt ist. Besonders schön ist ein Ausflug im Frühjahr, wenn der Park mit Narzissen und Krokussen übersät ist.

Christopher Wren gestaltete den Barockflügel von Hampton Court

Windsor

London › **Windsor Castle** ›
Windsor › Eaton

Karte: Seite 162
Dauer: 1 Tag
Praktische Hinweise:
- Zugverbindung: ab Paddington (ca. 45 Min. Fahrt, Umsteigen in Slough) und ab Waterloo Station (ca. 1 Std.).
- Die aktuellen Öffnungszeiten für Windsor Castle, die State Apartments und den Park sollte man erfragen unter: Tel. 020-7766 7304, www.royalcollection.org.uk.

Windsor Castle 🔢 ⭐

Das graue, langgestreckte und hoch über dem Städtchen Windsor gelegene Schloss ist immer noch eine Privatresidenz der königlichen Familie. Sind die Windsors anwesend, bleibt Besuchern der Zutritt zu den Staatsgemächern verwehrt, doch ein beachtlicher Teil des 50 000 m² großen Anwesens ist die übrige Zeit zugänglich.

William the Conqueror ließ an der Themse ein hölzernes Fort errichten, spätere Herrscher sicherten es mit Steintürmen, und Edward III baute im 14. Jh. den **Norman Gateway,** den großen runden Turm, sowie die Staatsgemächer. Charles II ließ um 1600 die Staatsgemächer renovieren. 1820 gestaltete dann George IV den Palast in seiner heutigen Form.

Sehenswert ist insbesondere die **St. George's Chapel,** in der u. a.

Henry VIII und George VI (Vater der jetzigen Königin) beigesetzt wurden – und wo sich Prinz Charles und Camilla nach der standesamtlichen Heirat zu einer Segnungszeremonie einfanden.

Aber schon die State Apartments überwältigen mit ihrem Prunk: Kunstvolle Gobelins, erlesenes Mobiliar, Schnitzereien von Grinling Gibbons und Deckengemälde konkurrieren mit Meisterwerken aus der Sammlung der Königin.

In Windsor Castle ist **Queen Mary's Doll's House** zu sehen, ein wahrlich traumhaftes Puppenhaus mit Miniaturgemälden, kostbaren Antikmöbeln und elektrischem Licht.

Windsor und Eaton

Der kleine Ort **Windsor** selbst bietet ein romantisches Bild: winklige Gassen mit Kopfsteinpflaster, nette, holzgetäfelte Restaurants und zahllose Antiquitätengeschäfte. Im historischen Bahnhof von Windsor zeigt die Wachsfigurenausstellung **Royalty and Empire** sehr anschaulich die Ankunft Queen Victorias im Jahr 1897 am Tag ihres diamantenen Thronjubiläums.

Nahebei hat die Queen einen superben Delikatessenladen: Windsor Farm Shop (Datchet Road, tgl. geöffnet).

Über eine Fußgängerbrücke schlendert man ins kleine Dorf **Eton,** dessen exklusive Privatschule bis heute viele führende Köpfe des Landes hervorbringt. Ihre Geschichte stellt das **Museum of Eton Life** vor.

Extra-Touren

 ## London an einem verlängerten Wochenende

Verlauf: 1. Tag: Trafalgar Square › National Gallery › Whitehall › Houses of Parliament › Westminster Abbey › Westminster Bridge › London Eye › Southbank Centre › Tate Modern › Shakespeare's Globe Theatre › Millenium Bridge › St. Paul's Cathedral. **2. Tag:** Hyde Park Corner › Green Park › Buckingham Palace › Royal Mews › The Mall › St. James's Street › Royal Academy of Arts › Picadilly Circus (› Soho/China Town)

Dauer: An beiden Tagen jeweils ca. 3 Std. reine Gehzeit.
Verkehrsmittel:
Ausgangs- und Endpunkte der Touren sind jeweils gut erreichbare U-Bahn-stationen.
1. Tag: Am ersten Tag startet man an der Ⓤ Charing Cross und endet an der Ⓤ St. Paul's. Für die Planung interessant ist, dass der Wechsel der Horse Guards in Whitehall um 11 Uhr (So um 10 Uhr) stattfindet und sonntags um 11.30 Uhr der Chor von St. Paul's singt.
2. Tag: Tags darauf beginnt der Spaziergang an der Ⓤ Hyde Park Corner. Schluss-punkt ist die Ⓤ Piccadilly. Der Wachwechsel am Buckingham Palace findet um 11.30 Uhr statt (im Winter nur jeden zweiten Tag).

1. Tag: Die Tour beginnt am **Trafalgar Square** › S. 74, in dessen Mitte sich die 42 m hohe Nelson's Column erhebt, eine Hommage an den Seehelden Lord Nelson. An der Nordseite birgt die **National Gallery** › S. 75 eine der bedeu-tendsten Gemäldesammlungen der Welt. Gleich nebenan sind in der **National Portrait Gallery** › S. 75 die Porträtfotografien, Skulpturen und Zeichnungen berühmter Briten zu sehen.

Nun ist Zeit für die erste Pause, beispielsweise im Café in the Crypt › S. 48 (preiswert) der Barockkirche **St. Martin-in-the-Fields** › S. 75 oder im Restau-rant der National Gallery (The National Dining Rooms, gut für Frühstück, Lunch oder Nachmittagstee).

Der Trafalgar Square öffnet sich in südlicher Richtung zur Straße **Whitehall** › S. 78. Vorbei an stattlichen Regierungsgebäuden und den berittenen Soldaten der **Royal Horse Guards** › S. 78 spaziert man bis zur **Downing Street** › S. 78 mit der Residenz des jeweiligen britischen Premierministers. Ein paar Meter weiter breitet sich am **Parliament Square** die ganze Pracht der **Houses of Parliament** › S. 78 aus. In westlicher Richtung geht es zur Krönungskirche

Westminster Abbey › S. 80. Zur ausführlichen Besichtigung gehört auch eine Verschnaufpause in **Dean's Yard**, dem kleinen Garten der Abtei.

Überquert man nun die nahe gelegene **Westminster Bridge** › S. 137, hat man noch einmal einen wunderbaren Blick auf Big Ben und die Parlamentsgebäude. Von der Brücke führt eine Treppe hinab zur Uferpromenade der South Bank. Eine Drehung auf dem Riesenrad **London Eye** › S. 138 bis auf über 130 m Höhe dauert 30 Minuten und bietet einen beeindruckenden Überblick über die Stadt.

In nordöstlicher Richtung beginnt das Kulturzentrum des Südufers, das **Southbank Centre** › S. 139 (sehr sehenswert ist das Foyer der renovierten **Royal Festival Hall**). Das Filmtheater **BFI Southbank** › S. 140 hat ein gutes Café, auf dem Vorplatz werden antiquarische Bücher verkauft. Auch die Cafés und Bars des nahen **Royal National Theatre** › S. 140 sind ideal zum Ausruhen. Industriearchitektur in neuer Funktion repräsentiert unweit davon der **Oxo Tower** › S. 140 mit seinen Designläden, Bars, Restaurants und einer Aussichtsplattform im achten Stock.

Am Ufer entlang bewegt sich ein stetiger Menschenstrom auf die ehemalige Bankside Power Station zu. Die riesige Turbinenhalle ist heute der Eingang zur **Tate Modern** › S. 141, dem perfekten Showroom zeitgenössischer Kunst (auch guter Buchladen). Ein Stück weiter wird im runden Holzbau des **Shakespeare's Globe Theatre** › S. 142 im Sommer Shakespeare gespielt wie vor 400 Jahren. Nun geht es ein paar Schritte zurück zur Tate Modern und von dort über die **Millennium Bridge** [J3] – im Osten geben der Tower und die Tower Bridge eine wunderschöne Kulisse dazu ab.

Letztes Highlight der Tour ist **St. Paul's Cathedral** › S. 124, das Meisterwerk des Architekten Christopher Wren mit der berühmten Flüstergalerie in der Kuppel (So um 11.30 Uhr hat man Gelegenheit, den weltbekannten Chor zu hören).

2. Tag: Der Spaziergang des zweiten Tages beginnt an der **Hyde Park Corner** mit einem Besuch des Museums **Apsley House** › S. 108. Einst residierte hier der Duke of Wellington, der das Haus mit den Schätzen füllte, die er in aller Welt zusammentrug. Nach einem kurzen Blick auf den Triumphbogen **Wellington Arch** führt der Weg am oftmals übersehenen **Green Park** › S. 88 entlang weiter zum **Buckingham Palace** › S. 86. Idealer Zeitpunkt für den Besuch ist 11.30 Uhr (im Winter jeden zweiten Tag) zum Spektakel des Wachwechsels (Changing the Guard). Wer in der ersten Reihe stehen möchte, sollte etwas früher da sein.

Um die Ecke, in der Buckingham Palace Road, zeigt die **Queen's Gallery** › S. 81 Gemälde und Kunstwerke aus königlichem Besitz. Die Kutschen der Krone können in den **Royal Mews** › S. 81 besichtigt werden.

Die Tour geht nun nochmals zurück zum Buckingham Palace: Vom Denkmal der Queen Victoria auf dem Vorplatz führt die Prachtstraße **The**

Westminster Abbey am frühen Morgen

Mall › **S. 85** in östlicher Richtung vorbei an **Clarence House** › **S. 87** (Residenz von Prinz Charles) und **St. James's Palace** (Büros seines Verwaltungsappa-rats). Rechts bietet der **St. James's Park** › **S. 85** Entspannung. Biegt man aller-dings links z. B. in die Marlborough Road ein, gelangt man zur traditionsrei-chen **St. James's Street** › **S. 88**, eine der vornehmsten Straßen Londons mit vielen exquisiten Läden. Zwischen den eleganten Herrenausstattern der **Jermyn Street** › **S. 84** liegt das Traditionskaufhaus **Fortnum & Mason** › **S. 81** (Eingang in der Duke Street). Ideal für eine Pause ist die Weinbar im Sou-terrain, gleich neben der Feinkostabteilung.

Am Ausgang von Fortnum & Mason in Piccadilly blickt man unwillkür-lich auf die **Royal Academy of Arts** › **S. 82** auf der anderen Straßenseite. Wer dort nicht die aktuelle Kunstausstellung anschauen möchte, biegt gleich rechts in Richtung **Piccadilly Circus** › S. 74 ab. Gleich dahinter beginnt die **Shaftesbury Avenue**: genau der richtige Weg, falls ein Theaterbesuch geplant ist, oder als Einstieg nach **Soho** › S. 100 und **Chinatown** › S. 74 – für einen Stopp in einem der vielen Restaurants.

Architektur-Tour: Marmor, Stahl und eine Gurke aus Glas

Verlauf: Liverpool Street Station › **Swiss Re Tower** › **Lloyds Building** › **London Bridge** › **Jubilee Line** › **Canary Wharf** › **Millennium Dome** › **Jubilee Line**

Dauer: Rund 3 bis 4 Std.

Verkehrsmittel:

Ausgangspunkt ist die Ⓤ Liverpool Street, Endpunkt Ⓤ North Greenwich bzw. eine Station an der Jubilee Line im Stadtzentrum, z. B. die Ⓤ Westminster. Wochentags ist natürlich in der City und vor allem in Canary Wharf mehr los als am Wochenende, wenn die Büros geschlossen sind. Außerdem wirken die Glaspaläste im Osten bei Abendsonne besonders spannend.

Der **Bahnhof Liverpool Street** stammt noch aus der Mitte des 19. Jhs. Hightech-Architektur des 20. und beginnenden 21. Jhs. sieht man nahe der Straße Bishopsgate, wo eine Reihe neuer Bauten aufragt. Die außen liegenden Versorgungsleitungen von Richard Rogers' maschinenhaftem Bau für die Versicherungsgesellschaft **Lloyds** › S. 133 (Lime Street, 1986 eröffnet) und Norman Fosters 180 m hoher, raketenähnlicher Büroturm **The Gherkin** › S. 132 (2003) in 30 St. Mary Axe wirken nicht mehr ganz so radikal wie zur Zeit ihrer Entstehung. Kühnere, technisch avanciertere Bauten sind dazugekommen, z. B. das **Walkie-Talkie-Bürohochhaus** von Rafael Vinoly und die gläserne Zentrale der **Rothschild-Bank** von Rem Koolhaas. Besonders eindrucksvoll wirkt die City abends, wenn viele Gebäude farbig angestrahlt werden.

Von hier aus führt die Gracechurch Street in südlicher Richtung zur **London Bridge** › S. 133: Von der Mitte der Brücke hat man einen fabelhaften Blick auf mehrere Highlights zeitgenössischer Architektur: Direkt voraus ragt Renzo Pianos 310 m hoher Wolkenkratzer **The Shard** › S. 144 empor, Londons neues Wahrzeichen. Östlich, bei der Tower Bridge, steht die **City Hall** › S. 145 (Norman Foster, 2002), deren gläserne Hülle moderne Demokratie symbolisiert: Sie macht die Arbeit der Verwaltung transparent. Im Westen verbindet die **Millennium Bridge** [J3] (ebenfalls von Norman Foster) seit dem Jahr 2000 die St. Paul's Cathedral mit der **Tate Modern** › S. 141. Das

Interieur dieses alten Kraftwerks haben die Schweizer Architekten Herzog & de Meuron zur meistbestaunten Galerie der Stadt gewandelt. Am Themseknie (kurz von dem Riesenrad London Eye) verbindet die **Hungerford Bridge** [GH4] (Entwürfe von Lifschutz Davidson, 2002 eröffnet) das West End mit der South Bank. Abends schimmern die Stahlgitter der Eisenbahnbrücke – auf beiden Seiten von Fußgängerbrücken flankiert – effektvoll in blauem Licht.

Am südlichen Ende der London Bridge erreicht man die gleichnamige U-Bahnstation der **Jubilee Line**. Für den Neubau von insgesamt zwölf Haltestellen (eröffnet in den Jahren 1999/2000) wurden hochkarätige Architekten verpflichtet. Entstanden ist eine Kette architektonischer Schaustücke, die im West End am Green Park beginnt und im Osten in Stratford endet. Modernste Tunnelbautechniken setzte das Büro Weston Williams ein, um etwa für die **Station London Bridge** Gewölbe, die vorher als Lagerräume dienten, nutzen zu können.

Als die *tube station* **Canary Wharf** › **S. 156** (drei Stationen östlich von London Bridge) entstand, musste ein ganzes Hafenbecken leer gepumpt werden. Wie eine futuristische Kathedrale aus Marmor, Glas und Stahl wirkt die 60 m hohe U-Bahnhalle von Sir Norman Foster. Glasüberdachte Rolltreppen führen in die hypermodernen Docklands.

Das Architekturbüro Alsop Störmer wählte für die Station **North**

! **Erst-klassig**

Berühmte Film-Locations

••

- **St. James's Park:** Hundebesitzer Roger und Anita fallen in **101 Dalmatiner** (1996) in den See › **S. 85** und verlieben sich. Ⓤ St. James
- **Temple Church:** In **The Da Vinci Code** (2006) führt die Spurensuche Robert Langdon zur Temple Church › **S. 128**, einst Sitz der Templer in England. Ⓤ Temple
- **South Bank:** Charles, der Held der Filmkomödie **Vier Hochzeiten und ein Todesfall** (1993), erklärt Carrie seine Liebe auf der Promenade der South Bank › **S. 139**. Dann rennen beide zum National Film Theatre, wo Charles' taubstummer Bruder wartet. Ⓤ Westminster
- **St. Bartholomew-the-Great:** In **Shakespeare in Love** (1998) betet der Titelheld in der kleinen Kirche in Smithfield › **S. 131** um Vergebung. Die Kirche diente auch als »Nottingham Cathedral« in Kevin Costners **Robin Hood** und als Schauplatz der vierten Hochzeit in **Vier Hochzeiten und ein Todesfall.** Ⓤ Barbican
- Viele Straßen um den **Borough Market** › **S. 144** haben sich seit viktorianischer Zeit kaum verändert. In der Park Street drehte Guy Ritchie **Bube, Dame, König, Gras** (1998). Bridget Jones schlendert in **Schokolade zum Frühstück** (2001) mitten durch den Markt. Ⓤ London Bridge

Greenwich [f2] geschwungene Formen und theatralisches Kobaltblau. Dies ist die Haltestelle für den **Millennium Dome** [ef2], dessen spektakuläres Kuppelzelt von Richard Rogers – 50 m hoch, 320 m im Durchmesser – heute als Konzerthalle dient. Mit der Jubilee Line fährt man wieder zurück ins Zentrum, z. B. bis **Westminster**, wo man 30 m unter den Gleisebenen von District und Circle Line aussteigt – an einem der am tiefsten gelegenen Bahnsteige in London. Ein gigantisches Treppenwerk – ideale Kulisse, um Krimis zu drehen – verbindet ihn mit den oberen Etagen.

Die Themse auf- und abwärts

Verlauf: Flussaufwärts: Westminster Pier › Kew › Richmond › Hampton Court. Flussabwärts: Westminster Pier › Waterloo Bridge › Tower › Greenwich Pier

Dauer: Westminster Pier–Kew 1,5 Std. (einfach), bis Hampton Court 3,5 Std.; Westminster Pier–Greenwich Pier: 75 Min.

Verkehrsmittel:
- An den Piers sind die Abfahrtszeiten angeschlagen, dort erhält man auch die Fahrkarten. Die Schiffe sind rollstuhlgerecht ausgestattet, haben offene Oberdecks und Panoramafenster unter Deck für Fahrten bei schlechterem Wetter.
- Fährt man themseaufwärts nicht nur bis zu den Royal Botanic Gardens in Kew (1,5 Std.), sondern weiter bis Hampton Court, ist dies eine Tagesreise. Eine Hin- und Rückfahrt kann 7–8 Std. dauern. Viele Besucher entscheiden sich für die Rückfahrt mit dem Zug zur Waterloo Station. Informationen: **Thames River Boats,** Tel. 020-7930 2062, www.wpsa.co.uk, oder www.tfl.gov.uk.
- Themseabwärts berechtigt das einen Tag gültige River Red Rover Ticket (Online-Preis £ 16,20, am Pier £ 18) dazu, an den Anlegestellen Westminster, Waterloo, Tower und Greenwich Pier nach Belieben ein- und auszusteigen. Ab Westminster Pier fahren Boote jede volle Stunde. Infos: **Thames City Cruises,** Tel. 020-7740 0400, www.citycruises.com.

Ob durch die Stadt flussabwärts nach Greenwich oder flussaufwärts, vorbei an den Vororten im Westen und an überraschend grünen Ufern entlang nach Hampton Court: Eine Bootsfahrt auf der Themse ist wunderbar, um Londons Sehenswürdigkeiten aus einer anderen Perspektive zu erleben.

Flussaufwärts: Die Schiffe folgen der Route, die einst Henry VIII auf dem Weg zu seinem Palast in Hampton Court nahm. Vorbei am **Lambeth Palace** › S. 138, seit dem 13. Jh. die Londoner Residenz des Archbishop von Canterbury, und der u.a. für ihre Turner-Sammlung berühmten **Tate Britain** › S. 79, kommt die **Battersea Power Station** [F6] in Sicht. Das 1933 von Giles Gilbert

Zu den schönsten Zielen themseaufwärts gehören die Royal Botanic Gardens in Kew

Scott erbaute Kraftwerk mit zwei mächtigen weißen Türmen ist Londons größtes Industriedenkmal (und zurzeit Baustelle).

Das Nordufer säumt das **Chelsea Royal Hospital** › S. 118, das Altersheim der britischen Armee. Bereits 1694 wurde es von Christopher Wren entworfen. Die **Chelsea Old Church** › S. 117 steht an dem Platz der ursprünglichen Kapelle, in der Henry VIII heimlich Jane Seymour heiratete.

An den mit alten Bäumen gesäumten Ufern der Vororte Putney und Barnes blicken immer wieder pittoreske Pubs aufs Wasser. In **Putney** beginnt alljährlich die Bootsregatta zwischen den Teams der Universitäten Oxford und Cambridge. Großbürgerliche Villen und ihre herrlichen Gärten prägen das Themsepanorama in **Barnes.**

Die Attraktion von **Kew** sind die 120 ha großen **Kew Gardens** (Royal Botanic Gardens) › S. 164, die zu den schönsten botanischen Gärten der Welt zählen.

Zwischen Kew und Hampton Court passiert das Schiff auch den **Richmond Park** › S. 164, eine 1000 ha große königlichen Parkanlage mit Rot- und Damwild und mächtigen Eichen. Im historischen Ort **Richmond** selbst finden Shoppingbegeisterte schöne kleine Läden.

Die Endstation **Hampton Court Palace** › S. 165 könnte allein schon ein Tagesprogramm füllen – mit Tudorküche, Prunkräumen, Schlossgarten entlang der Themse und dem berühmten, 24 ha großen Irrgarten.

The Golde Hinde in Southwark

Flussabwärts: Die Bootsfahrt ab Westminster Pier nach Greenwich gleicht einer Reise durch Londons Geschichte.

Big Ben › S. 79 und die **Houses of Parliament** › S. 78 machen den Anfang. Die **County Hall** › S. 138 am Südufer war einst Sitz des Greater London Council. Heute befinden sich hier das Marriott Hotel und das **London Aquarium** › S. 138. Direkt daneben: das 135 m hohe **London Eye** › S. 138. Voller Leben ist der Kulturkomplex **Southbank Centre** › S. 139 mit Royal Festival Hall, British Film Institute South Bank (Filmtheater), Hayward Gallery und Royal National Theatre. Neben der Waterloo Bridge beeindruckt am Nordufer das **Somerset House** › S. 95. Der im 18. Jh. von William Chambers erbaute Stadtpalast präsentiert seine 200 m lange Fassade entlang der Themse. Somerset House beherbergt heute drei Kunstgalerien.

Das imposante Gebäude der **Tate Modern** › S. 141 am Südufer begann seine Laufbahn im Jahr 1930 als Kraftwerk, ehe es zur modernen Kunstgalerie umgebaut wurde. Als weitere Highlights flussabwärts folgen die geschwungene **Millennium Bridge** › S. 141 von Sir Norman Foster, die durch ihre Kuppel auffällige **St. Paul's Cathedral** › S. 124 im Norden und **Shakespeare's Globe Theatre** › S. 142 auf der Südseite – noch vor der Southwark Bridge. Im historischen Viertel Southwark zwischen Globe und **Southwark Cathedral** › S. 143 (an der London Bridge) spürt man noch ein wenig vom Flair des alten London. Die Geschichte des britischen Königtums verbindet sich mit dem **Tower** › S. 151, während die **Tower Bridge** › S. 145 und die wiederbelebten **Docks** die jahrhundertealte Machtposition Londons und Großbritanniens im Seehandel verkörpern.

Die historischen Fischerdörfchen **Wapping** S. 153 und **Limehouse** S. 155 prägt der Charme alter, meist aus Ziegelsteinen errichteter Lagerhäuser und Pubs, während die zeitgenössische Hochglanzarchitektur sowie die Finanz- und Medienwelt die Isle of Dogs erobert haben: **Canary Wharf** › S. 156 wurde ihr Aushängeschild. Hochhäuser hüben, Seefahrertradition und königliche Palasteleganz drüben – dieser Spannungsbogen entfaltet sich in **Greenwich** › S. 158, dem Ort des Nullmeridians, dessen Ensemble die UNESCO als Weltkulturerbe ausgezeichnet hat.

Infos von A–Z

Ärztliche Versorgung

In Notfällen können Besucher aus EU-Staaten den Gesundheitsdienst (National Health Service/NHS) kostenlos in Anspruch nehmen, aber wie für Besucher aus der Schweiz ist eine Reisekrankenversicherung anzuraten.

Das **Urgent Care Centre** in Guy's Hospital (St. Thomas St., tgl 8–20, letzter Einlass 19 Uhr) hilft bei kleineren Verletzungen.

Medikamente erhält man außerhalb der regulären Öffnungszeiten z. B. bei **Bliss Pharmacy**, 5 Marble Arch, W1, tgl. 9–23.30 Uhr (weitere Adressen nennt jede Polizeistation).

Barrierefreies Reisen

- **Tourism for All UK,** 7A Pixel Mill, 44 Appleby Rd., Kendal, Cumbria LA9 6ES, Tel. 01539-726 111; www. tourismforall.org.uk. Spezialist für die Vermittlung barrierefreier Unterkünfte.
- **Wheelchair Travel & Access Mini Buses** in Guildford, Surrey, Tel. 01483-237 668, verleiht für Behinderte geeignete Fahrzeuge mit oder ohne Fahrer; www.wheelchair-travel.co.uk.
- **Artsline** informiert über Barrierefreiheit in der Kunstszene: Tel. 020-7388 2227; www.artsline.org.uk.
- Viele Informationsquellen und Angebote findet man unter www.justmo bility.co.uk; Tel. 01628-529464

Botschaften

- **Deutschland:** 23 Belgrave Square, SW1, Tel. 020-7824 1300, www.london.diplo.de
- **Österreich:** 18 Belgrave Mews West, SW1, Tel. 020-7344 3250, www.austria.embassyhomepage. com

- **Schweiz:** 16/18 Montagu Place, W1, Tel. 020-7616 6000, www.swissembassy.org.uk

Einreise

Es genügt ein gültiger Personalausweis (bei Schweizern die nationale Identitätskarte) oder Reisepass.

Elektrizität

Die Stromspannung beträgt 240 Volt. Für Steckdosen braucht man dreipolige Adapter.

Feiertage

Neujahrstag (New Year's Day); Karfreitag (Good Friday); Ostermontag (Easter Monday); erster Mo im Mai (May Day); letzter Mo im Mai (Spring Holiday); letzter Mo im Aug. (Summer Bank Holiday); erster und zweiter Weihnachtsfeiertag (Christmas Day, Boxing Day). Fällt ein Feiertag auf Sa oder So, wird der Mo danach Feiertag.

Geld und Währung

- Das Pfund Sterling (£) ist in 100 Pence unterteilt. Es gibt Münzen zu 1, 2, 5, 10, 20, 50 Pence (p), £ 1 und 2 sowie Scheine zu £ 5, 10, 20 und 50.
- **Wechselkurse** (Stand 2014): 1 € = £ 0,82; 1 CHF = £ 0,66; £ 1 = 1,22 €/1,53 CHF
- **Kreditkarten** sind sehr gebräuchlich und funktionieren wie Bankkarten an Geldautomaten (Cash Points).
- Günstige **Wechselstuben** sind American Express (Heathrow Airport, alle Terminals) und Thomas Cook (1 Marble Arch, W1).

Information

In den deutschsprachigen Ländern gibt es keine Zweigstellen der britischen

Tourismusbehörde mehr, doch die Websites von **VisitBritain**, www.visit britain.com/de/DE, und **VisitEngland**, www.visitengland.com/de/DE, sind sehr informativ.

- In London angelangt, informieren das **Victoria Station Travel Information Centre** (gegenüber von Platform 8, Mo–Sa 7.15–21.15, So/ Fei 8.15–19 Uhr) und das
- **Piccadilly Station Travel Information Centre** (in der U-Bahn-halle, tgl. 9.15–19 Uhr) über alles, was für einen London-Besuch wichtig ist.
- **London Visitor Information Centre** Leicester Square (direkt am Platz,

tgl. 10–18 Uhr, Tel. 020-7437 4370, www.londontown.com).
- **Weitere nützliche Website:** www.londonforfree.net

Notruf
Polizei, Feuer und Ambulanz (kostenlos auch von Telefonzellen): 999 oder 112.

Öffnungszeiten
- **Banken:** Mo–Fr 9.30–15.30 Uhr (an Einkaufsstraßen bis 17.30 Uhr), einige auch Sa 9.30–13.30 Uhr.
- **Geschäfte:** Mo–Sa 9/10 Uhr bis 17/18 Uhr. Im West End Do bis 19 oder 20 Uhr, in Knightsbridge und Chelsea Mi bis 19 oder 20 Uhr. Viele

- **Fundsachen:** Wer etwas im Zug verloren hat, sollte beim Abfahrts- oder Ankunftsbahnhof fragen. Fundsachen nimmt jede Polizei-station entgegen. Verluste in der U-Bahn oder in Bussen von London Transport sowie Taxis: Lost Proper-ty Office, 200 Baker St., NW1, Mo bis Fr 8.30–16 Uhr. Am besten erst 1–2 Tage nach dem Verlust persön-lich nachfragen.
- **Sightseeing:** Busrundfahrten auf mehreren Routen mit vielfachen Ein- und Ausstiegsmöglichkeiten (inkl. Themseboot bis Greenwich) bei **Original London Sightseeing Tour**, Tel. 020-8877 1722, www. theoriginaltour.com. Startpunkte u.a. Trafalgar Square, Marble Arch.
- Busse der **Big Bus Company**, Tel. 020-7808 6753, www.bigbustours. com, fahren ab Baker Street, Green Park und Marble Arch.
- **Duck Tours:** Ein Amphibienfahr-zeug rollt erst zu den Sights im Zentrum und setzt dann die Tour auf der Themse fort. Tel. 020-

7928 3132, www.londonduck tours.co.uk
- **Kanalboote** auf dem Regent's Canal: **Jason's Trip**, www.jasons. co.uk, gegenüber 60 Blomfield Road, Little Venice, W9, Ende April–Anfang Nov.; **London Waterbus Company**, Tel. 020-7482 2550, www.londonwaterbus.com
- **Themsefahrten:** › S. 172.
- **Zu Fuß:** Es gibt Dutzende von **Thementouren** unterschiedlicher Veranstalter, z.B. Alfred Hitchcock oder Miss Marple Vintage Walk (http://sandrashevey.tripod.com/ hitchcock.walks), Notting Hill Movie Tour (www.britmovietours. com), Jack the Ripper Tour oder The Royal Wedding Walk (www. walks.com). **Touren auf Deutsch** findet man unter der Website www.london toursaufdeutsch.com; **Tour rund um den Chelsea Fuß-ballklub:** Tel. 0871-984 1955, www.chelseafc.com/tours

Läden in Touristenzentren wie z. B. Covent Garden sind auch abends und So ab 12 Uhr geöffnet; ebenso viele Supermärkte (meist bis 16 Uhr) und die von Indern geführten Lebensmittelläden.

- **Museen:** meist 24.–26. Dez., 1. Jan. und Karfreitag (Good Friday) geschl.
- **Postämter:** Mo–Fr 9–17.30 Uhr, Sa 9–12.30 Uhr.
  Nahe Trafalgar Square, 24–28 William IV Street: Mo-Fr 8.30-18.30, Sa 9-17.30 Uhr
- **Pubs:** tgl. meist ab 11 Uhr geöffnet, einige schließen nachmittags. Pubs mit entsprechender Lizenz dürfen auch nach 23 Uhr ausschenken.

Sicherheit

Grundsätzlich ist es ratsam, in der U-Bahn leere Abteile nicht allein zu betreten. Vorsicht vor Taschendieben! Parks, einsame Straßen und Kanalufer sollten Sie im Dunkeln meiden (www.met.police.uk/tourist/german.htm).

Nach den Terroranschlägen im Jahr 2005 und den gescheiterten Attentaten von 2006 wurden die Sicherheitsmaßnahmen in der ganzen Stadt deutlich verschärft. Aktuelle Informationen bietet die Website der deutschen Botschaft in London: www.london.diplo.de.

Flugreisende müssen mit langen Wartezeiten bei den Sicherheitskontrollen an den Londoner Flughäfen rechnen. Manche Fluggesellschaften haben die Frist für das Einchecken deshalb erheblich vorverlegt. Erkundigen Sie sich rechtzeitig bei Ihrer Airline, auch nach den Regelungen für das Handgepäck!

Telefon, Handy, Internet

Telefonkarten sind in Zeitungsläden oder Bahnhöfen erhältlich. Britische Anbieter decken sowohl das GSM 900 als auch das GSM 1800 Netz ab, Mobiltelefone funktionieren problemlos.

London hat die Vorwahlnummer 020, die achtstelligen Teilnehmernummern beginnen mit den Ziffern 7, 8 und neuerdings auch mit 3.

- **Tel.-Auskunft** für London und Großbritannien: 118 118 und 118 888
- **Auslandsauskunft:** 0 22 88 99
- **Auslandsvorwahl:** Großbritannien 0044, Deutschland 0049; Österreich 0043; Schweiz 0041
- An **Internetcafés** herrscht kein Mangel, der Standard ist sehr gut.

Trinkgeld

Hotelportiers, Taxifahrer und Friseure sowie, falls auf der Rechnung *service not included* steht, das Servicepersonal in Restaurants erwarten 10–15 % des Rechnungsbetrags. In Pubs wird an der Theke bezahlt, ohne Trinkgeld.

Zeit

In Großbritannien gilt die Greenwich Mean Time (GMT): Mitteleuropäische Zeit (MEZ) minus 1 Stunde. Sommerzeit wie auf dem Kontinent.

Zoll

EU-Bürger dürfen Waren des persönlichen Bedarfs zollfrei ein- und ausführen, max. 800 Zigaretten, 10 l Spirituosen, 110 l Bier. Für Schweizer sind max. 200 Zigaretten, 1 l Spirituosen über oder 2 l unter 15 Vol.-%, 60 ml Parfüm oder 250 ml Eau de Toilette erlaubt.

Urlaubskasse	
Tasse Kaffee	£ 2,40
Softdrink	£ 1,65
Glas Bier (half pint)	£ 1,80
Sandwich	£ 1,70–3,25
Kugel Eis	£ 2,50
Taxifahrt / 10 km	ca. £ 35
Mietwagen/Tag	ab £ 38

Register

Bildnachweis

Coverfoto: Big Ben, House of Parliament © Huber Images/Giovanni Simeone
Fotos Umschlagrückseite © Jahreszeitenverlag/Philip Koschel (links); Martin Thomas (Mitte); Torsten Krüger (rechts)

Alamy/Adrian Chinery: 174; Alamy/Alan Copson City Pictures: 92; Alamy/Rik Hamilton: 159; Alamy/Andrew Parker: 123; Alamy/Travelshots.com: 33; Alamy/VIEW Pictures Ltd: 49; APA Publications: 79; B&B Belgravia: 37; Reinhard Brendi: 105; Daunt: 73; Fotolia/Aniol: 17; Fotolia/Photocreo Bednarek: 150; Fotolia/bernd234: 86; Fotolia/Buesi: U2-2; Fotolia/Jo Chambers: 75; Fotolia/kmiragaya: 164; Fotolia/Murasal: 8 u; Fotolia/pab_map: 16; Fotolia/Sam Spiro: 125; Fotolia/Steve: 135; Fotolia/IRStone: 146; GlowImages/Eye Ubiquitous: 136; GlowImages/Prisma: 131; GlowImages/Superstock: 20; Josephine Grever: 9 o, 9 u, 10; Emmelie Haarhoff: 95; Hotel Hoxton: 39; Hotel The Savoy: 36; Huber Images/F. Damm: 160; Huber Images/Kiedrowski: 58; Huber Images/Picture Finders: 154; Huber Images/Maurizio Rellini: 70; Huber Images/Ripani: 111; iStockphoto/Valerie Crafter: U2-3; iStockphoto/fazon1: U2-4; iStockphoto/David Garry: 85; iStockphoto/Merve Karahan: 116; Jahreszeitenverlag/Andrea Artz: 51, 55; Jahreszeitenverlag/Uwe Bender: 13; Jahreszeitenverlag/GourmetPictureGuide: 41, 42, 45; Jahreszeitenverlag/Philip Koschel: 6, 97, 102, U2-1; Jahreszeitenverlag/Andreas Sterzing: 56; laif/Andrea Artz: 89; laif/Gonzalez: 147; laif/Heeb: 23; 24, 163, 173; laif/Hemis: 129; laif/Bernd Jonkmanns: 34; laif/ML: 103; laif/Westrich: 67; LOOK-foto/H. & D. Zielske: 72, 139; mauritius images/H. P. Merten: 122; Pixelio/pcwinne: 132; Elisabeth Scheder-Bieschin: 48; shutterstock/Bikeworldtravel: 69, 121; shutterstock/Dan Breckwoldt: 107; shutterstock/Elena Elisseeva: 169; shutterstock/pio3: 113; shutterstock/Tupungato: 141; Martin Thomas: 28, 83, 115, 165; Wikipedia/CC 3.0/Danesman1: 15; Ernst Wrba: 26, 65, 100, 108, 145; Sophie Ziegler: 8 o

Liebe Leserin, lieber Leser,
wir freuen uns, dass Sie sich für diesen POLYGLOTT on tour entschieden haben.
Unsere Autorinnen und Autoren sind für Sie unterwegs und recherchieren sehr gründlich, damit Sie mit aktuellen und zuverlässigen Informationen auf Reisen gehen können.
Dennoch lassen sich Fehler nie ganz ausschließen. Wir bitten Sie um Verständnis, dass der Verlag dafür keine Haftung übernehmen kann.

Ihre Meinung ist uns wichtig. Bitte schreiben Sie uns:
TRAVEL HOUSE MEDIA GmbH, Redaktion POLYGLOTT, Grillparzerstraße 12, 81675 München, redaktion@polyglott.de
www.polyglott.de

1. komplett überarbeitete Auflage 2015

Bei Interesse an maßgeschneiderten POLYGLOTT-Produkten:
Tel. 089/450 00 99 12
veronica.reisenegger@travel-house-media.de

Bei Interesse an Anzeigen:
KV Kommunalverlag GmbH & Co KG
Tel. 089/928 09 60
info@kommunal-verlag.de

Verlagsleitung: Michaela Lienemann
Redaktionsleitung: Grit Müller
Verlagsredaktion: Anne-Katrin Scheiter
Autorin: Josephine Grever
Redaktion: Martin Waller
Bildredaktion: Barbara Schmid
Mini-Dolmetscher: Langenscheidt
Layoutkonzept/Titeldesign: fpm factor product münchen
Karten und Pläne: Theiss Heidolph
Satz: Tim Schulz, Mainz
Herstellung: Sophie Vogel
Druck und Bindung: Firmengruppe APPL, aprinta druck, Wemding

PEFC/04-32-0928

TRAVEL HOUSE MEDIA

Ein Unternehmen der
GANSKE VERLAGSGRUPPE

Mini-Dolmetscher Englisch

Allgemeines

Guten Morgen.	Good morning. [gud **moh**ning]
Guten Tag. (nachmittags)	Good afternoon. [gud after**nuhn**]
Hallo!	Hallo! [häl**loh**]
Wie geht's?	How are you? [hau **ah**_ju]
Danke, gut.	Fine, thank you. [**fain**, **θänk**_ju]
Ich heiße ...	My name is ... [mai **nehm**_is]
Auf Wiedersehen.	Goodbye. [gud**bai**]
Morgen	morning [**moh**ning]
Nachmittag	afternoon [after**nuhn**]
Abend	evening [**ihw**ning]
Nacht	night [nait]
morgen	tomorrow [tu**morr**oh]
heute	today [tu**deh**]
gestern	yesterday [**jest**erdeh]
Sprechen Sie Deutsch?	Do you speak German? [du_ju spihk **dseh**öhmən]
Wie bitte?	Pardon? [**pahd**n]
Ich verstehe nicht.	I don't understand. [ai dohnt ander**ständ**]
Würden Sie das bitte wiederholen?	Would you repeat that please? [wud_ju ri**piht** öät, plihs]
bitte	please [**plihs**]
danke	thank you [**θänk**_ju]
was / wer / welcher	what / who / which [wott / huh / witsch]
wo / wohin	where [wäə]
wie / wie viel	how / how much [hau / hau **matsch**]
wann / wie lange	when / how long [wänn / hau **long**]
warum	why [wai]
Wie heißt das?	What is this called? [**wott**_is öis kohld]
Wo ist ...?	Where is ...? [**wäər**_is ...]
Können Sie mir helfen?	Can you help me? [kän_ju **hälp**_mi]
ja	yes [jäss]
nein	no [noh]
Entschuldigen Sie.	Excuse me. [iks**kjuhs** miðə]
rechts	on the right [on ðə reit]
links	on the left [on ðə left]
Gibt es hier eine Touristeninformation?	Is there a tourist information? [is_ðər_ə **tuə**rist infəmehschn]
Haben Sie einen Stadtplan?	Do you have a city map? [du_ju häw_ə ßiti mäpp]

Shopping

Wo gibt es ...?	Where can I find ...? [**wäə** kən_ai faind ...]
Wie viel kostet das?	How much is this? [**hau**_matsch is_öis]
Das ist zu teuer.	This is too expensive. [öis_is **tuh** iks**pänn**ßiw]
Das gefällt mir (nicht).	I like it. / I don't like it. [ai **laik**_it / ai **dohnt** laik_it]
Wo ist eine Bank / ein Geldautomat?	Where is a bank / a cash dispenser? [**wäər**_is ə_**bänk** / ə käsch di**spänn**er]
Geben Sie mir 100 g Käse / zwei Kilo ...	Could I have a hundred grams of cheese / two kilograms of ... [kud_ai häw_ə **hann**drəd grämms_əw tschihs / **tuh kill**əgrämms_əw ...]
Haben Sie deutsche Zeitungen?	Do you have German newspapers? [du_ju häw **dseh**öhmən **njuhs**pehpers]

Essen und Trinken

Die Speisekarte, bitte.	The menu please. [ðə **männ**ju plihs]
Brot	bread [bräd]
Kaffee	coffee [**koff**i]
Tee	tea [tih]
mit Milch / Zucker	with milk / sugar [wið_**milk** / **schugg**er]
Orangensaft	orange juice [**orr**əndseh_dseh**uhs**]
Mehr Kaffee, bitte.	Some more coffee please. [ßəm_moh **koff**i plihs]
Suppe	soup [ßuhp]
Fisch	fish [fisch]
Fleisch	meat [miht]
Geflügel	poultry [**pohl**tri]
Beilage	sidedish [**ßaid**disch]
vegetarische Gerichte	vegetarian food [wädseh**ə**tä**ri**ən fud]
Eier	eggs [ägs]
Salat	salad [**ßäl**əd]
Dessert	dessert [di**söht**]
Obst	fruit [fruht]
Eis	ice cream [ais **krihm**]
Wein	wine [wain]
weiß / rot / rosé	white / red / rosé [wait / räd / **roh**seh]
Bier	beer [biə]
Mineralwasser	mineral water [**minn**rəl wohter]
Ich möchte bezahlen.	I would like to pay. [ai_wud **laik**_tə peh]

Meine Entdeckungen

....

....

....

....

....

....

....

....

....

....

....

....

....

....

....

....

....

....

Clevere Kombination mit POLYGLOTT Stickern

Einfach Ihre eigenen Entdeckungen mit Stickern von 1–16 in der Karte markieren und hier eintragen. Teilen Sie Ihre Entdeckungen auf facebook.com/polyglott1.

Checkliste London

Nur da gewesen oder schon entdeckt?

☐ **The Shard**
Der Aufzug schießt mit hoher Geschwindigkeit in die Höhe.
Auf den Stockwerken 68, 69 und 72 hat man das beste London-
Panorama. › S. 144

☐ **Shakespeare-Aufführung im Globe Theatre**
Ganz ohne Bühnenbild und künstliche Beleuchtung werden im
Rundbau die berühmten Dramen gespielt – wie zu Shakespeares
Zeiten. › S. 15, 142

☐ **Themseblick von der Waterloo-Bridge**
Fast alle großen Sehenswürdigkeiten in einem einmaligen
Rundblick – ganz besonders in der Abenddämmerung. › S. 15

☐ **Multikulti am Brixton Market**
Dass sich in London die ganze Welt in einer Stadt konzentriert,
kann man hier mit allen Sinnen erleben. › S. 13, 53

☐ **British Museum**
Kulturgüter aus allen Winkeln des früheren Empire füllen diese
riesige Schatzkammer in Bloomsbury. › S. 96

☐ **Kensal Green Cemetery**
Atmosphärische Alleen, dunkle
Katakomben und das Grab von
Freddie Mercury locken auf
Londons ältestem
Friedhof. › S. 12

☐ **St. James's Park**
Ein Spaziergang
durch den idyl-
lischen kleinen Park
führt zum Bucking-
ham Palace, wo man
dem Spektakel des
Changing of the Guards
zuschauen kann. › S. 85–87

Mitbringsel für Daheim

Tee oder Kuchen von Fortnum & Mason in einer der schönen grünen Dosen › S. 81

Duftwasser von Floris: Jeder liebt das Grapefruit- und Rosmarin-Raumspray. › S. 16